# Ch. Virmaître

# Paris-Boursicotier

PARIS

NOUVELLE LIBRAIRIE PARISIENNE

ALBERT SAVINE, ÉDITEUR

18, RUE DROUOT, 18

Tous droits réservés.

PARIS-BOURSICOTIER

# CHARLES VIRMAITRE

—

# PARIS-BOURSICOTIER

## PARIS

ALBERT SAVINE, ÉDITEUR

NOUVELLE LIBRAIRIE PARISIENNE

18, RUE DROUOT, 18

—

1888

Tous droits réservés.

# PARIS-BOURSICOTIER

Dans un salon où je me trouvais récemment, la maîtresse de la maison, passionnée de l'Album, me pria d'ajouter une pensée aux nombreuses qui y figuraient déjà. Quand ce fut à mon tour, je lus :

*La Bourse ? c'est un temple grec.*

JULES PATON.

Et au-dessous ce charmant triolet :

> *Ce temple grec est un tripot*
> *Plus fréquenté que les Eglises*
> *On y parle un étrange argot,*
> *Ce temple grec est un tripot.*
>
> *Un peu plus tard, un peu plus tôt*
> *Tout le monde y fait des sottises.*
> *Ce temple grec est un tripot*
> *Plus fréquenté que les Eglises.*

ANTONIO SPINELLI.

1

## LA BOURSE

—

*Un temple sans autel où le courtier ressasse*
*Ses appels, pur hébreu pour les gogos piteux.*
*Foulé par les talons des banquiers d'outre Alsace,*
*Le granit semble geindre à ce contact honteux.*

*Entre les chapiteaux où fleurit la rosace,*
*L'araignée, en arrêt, trouve ces gens hideux.*
*Le vagabond sordide étreindrait sa besace*
*Et ne dormirait pas tranquille au milieu d'eux.*

*Poë l'aurai  dû peindre en ses rêves étranges*
*Cet antre aux murs épais où le remous des fanges*
*Fait d'un forçat habile un financier vainqueur.*

*Maudissant ton orgueil et ton luxe éphémère,*
*Tes enfants, ô Paris ! rougissent de leur mère,*
*Ville de marbre et d'or dont la Bourse est le cœur.*

VICTOR MEUSY.

J'écrivis :

*Jeu de Bourse : Chasse au Miroir.*

CH. VIRMAITRE.

# I

La Bourse. — Les Blanchisseuses. — Les marchands de bouts de cigare. — Un journal à créer. — Les marchands de grains. — Marchands de ferrailles. — La Bourse des Etoiles. — Les timbres-poste. — Les chiffonniers. — Marchands d'habits. — La cote des tableaux. — Un Syndicat. — La Bourse des ferblantiers. — A combien la Légion d'Honneur ? — Les camelots du Croissant. — Différence et différences. — Monnaie de singe. — Valeurs sans valeur. — Quarante épingles pour un sou ! — Coup de baguette de la Fortune.

La Bourse !!

Tous ceux qui rêvent la fortune rapide pensent à la Bourse.

La Bourse pour eux, c'est le *placer* qui recèle les filons inconnus qui leur apporteront du jour au lendemain des tonnes d'or.

Combien de ces rêveurs se sont éveillés avec la ruine et la misère ?

On rêve un *quine* à la loterie ; lors du tirage, la désillusion se produit, mais ce n'est qu'une ruine partielle, tandis qu'à la Bourse la ruine est totale.

On a beaucoup écrit sur ce sujet, autant au moins que sur Paris, et il est toujours nouveau, parce que la Bourse change d'aspect à chaque génération.

Les filous vous demandent la bourse ou la vie ; les boursiers vous prennent la bourse mais vous laissent la vie, tout comme les filous ; il est vrai que la vie sert à peu de chose quand il n'y a rien pour l'alimenter.

La Bourse est un panorama ondoyant et divers, où on peut dire qu'il y a beaucoup d'appelés mais peu d'élus.

Il existe une infinité de Bourses autour de la vraie Bourse.

La *Bourse des blanchisseuses* qui se tient rue Etienne-Marcel, autrefois rue aux Ours. Là, pas d'argent à perdre : les patronnes qui y viennent chercher des ouvrières en ont toujours pour leur argent.

La *Bourse des marchands de bouts de cigare* se

tient sous les ponts, dans les assommoirs de banlieues et a son point central, place Maubert, au pied des degrés du Boulevard Saint-Germain.

Ils ne sont pas paresseux ces boursiers-là, car dès sept heures du matin ils sont autour de la *corbeille*.

La préfecture de police évalue leur nombre à quinze cents et elle est au-dessous de la vérité.

Les *Saint-Vincent de Paul des orphelins*, quelque soit leur récolte, arrivent à la Bourse et offrent leur récolte sur une feuille de papier ou de la main à la main ; les marchands en gros ; les Rothschild, connus sous le nom de *Ratiboiseurs*, achètent les petites ré-coltes.

On ne croirait pas que cette marchandise soit su-jette à des hausses ou à des baisses formidables à cause de l'abondance ou de la disette, de l'offre ou de la demande.

Comme aux guichets du Louvre, les rentiers échan-gent leurs titres, des *amateurs* échangent leur ré-colte :

— Je prends des Havanes !

— J'offre dix paquets de maryland !

— Qui veut fin courant dix kilos de caporal ?

Généralement, il existe un cours, une cote.

Gugusse et Bec Salé vont fonder un journal pour propager dans les classes riches l'amour du *Mégot*.

La *Bourse des marchands de grains* se tient à l'ancienne Halle aux blés et place du Louvre. Là, le tripotage est autrement sérieux, et de grosses fortunes y ont été perdues ou gagnées. On joue sur des arrivages de navires qui n'arrivent jamais par l'excellente raison qu'ils ne devaient pas partir.

La *Bourse des Auvergnats*, marchands de ferrailles et de peaux de lapins a pour siège la rue de Lappe ; il s'y fait un important commerce, et tel auvergnat qui boit, sur le zinc, son canon de gros bleu, comme un simple maçon, a, malgré ses sabots, comme ils disent, du foin dans ses bottes. Il en existe qui sont riches à millions.

Place du Châtelet, il y a la *bourse des demoiselles* qui alimentent les maisons hospitalières de province et de Paris ; c'est un important négoce. Il existe des *agents de changes*, des *coulissiers*, des *courtiers* ; le *parquet* y fait le *salon !!*

Le marché bat son plein de quatre heures à huit

heures. Une langue spéciale est employée pour les opérations.

Dans les restaurants de nuits, au boulevard, se tient la *Bourse des Etoiles* qui, au contraire de celles du firmament, ne se couchent que lorsqu'on les lève. Elles sont cotées, non à leur valeur, mais à celle qu'on leur attribue. Ce n'est qu'entre deux et cinq heures du matin que la marchandise est offerte et depuis deux ou trois ans le stock est si considérable que les demandes sont presque nulles.

Paris ébrèche tant de capital!!

La *Bourse des timbres-poste* qui se tient sous les ombrages des Champs-Élysées a aussi une grande clientèle, mais là, la ruine est impossible.

La *Bourse des chiffonniers* est aussi très importante. C'est incroyable combien les tas d'ordures enrichissent de gens.

La *Bourse des marchands d'habits*, place du Temple, sur le carreau, est célèbre dans le monde entier. Tout y a un cours; les vieux habits, les vieilles armes, les défroques de tous genres, soie, velours, laine, toile, calicot, trouvent acheteurs, qui transforment ces objets pour les revendre.

Les professions libérales ont aussi leur Bourse ; la *Bourse des tableaux* a pour grands prêtres MM. Durand-Ruel, Georges Petit, Brame, Sedelmayer, Détrimont, Beugnet-Tedesco, Arnold et Tripp, le groupe Goupil, Boussod et Valadon. La cote s'établit, non sur la valeur du peintre mais sur l'argent que possède l'acheteur pour soutenir les cours. La cote s'établit aussi sur les médailles décernées au Salon annuel, et suivant la richesse du marchand de tableaux, lequel a intérêt à *soutenir* son peintre. Cela produit souvent de fâcheux résultats ; lorsqu'un marchand, qui a trop présumé de ses forces, fait la culbute ou un trou à la lune, le peintre favori tombe aussitôt presque à zéro, et la dégringolade s'accentue pour longtemps.

Quelques-uns des plus grands marchands de tableaux font la cote honnêtement, mais la généralité ne consulte que ses intérêts. D'ailleurs, tous se trompent et de récents procès ont prouvé que les experts, quelle que soit leur perspicacité, peuvent inconsciemment attribuer à Corot l'œuvre d'un rapin habile.

Tout comme pour les valeurs de Bourse, il existe un syndicat de marchands, soutenu par un groupe d'escompteurs et de banquiers, ils établissent une cote personnelle, poussent la vente, et si le tableau leur reste pour compte, ils procèdent à une *révision* qui leur assure de beaux bénéfices.

Le peintre n'a rien à envier aux gogos, il est volé aussi niaisement ; seulement pour le peintre c'est la nécessité de vivre qui en est cause, tandis que pour le gogo c'est l'appât du gain.

La plus curieuse de toutes les bourses est celle connue sous ce nom bizarre : la *bourse des ferblantiers* ; elle a été récemment découverte, lors du procès Wilson-Limouzin.

La cote officielle n'est pas invariable pour la *Légion d'honneur*, ni pour le *Mérite agricole* ; cela dépend de la fortune du quémandeur et de la position occupée par l'intermédiaire qu'on nomme *le Mangeur*.

Voici la cote :

Légion d'honneur . . . . . . . . 50.000, ou 100.000 francs
Mérite agricole . . . . . . . . . 10.000, ou 20.000  »

CAMBODGE

Chevalier. . . . . . . . . . . . . . . 1.500 francs

1*

Officier. . . . . . . . . . . . . . . . . . 2.800    »
Commandeur. . . . . . . . . . . . . . . . 5.000    »

### CHARLES III D'ESPAGNE

Chevalier. . . . . . . . . . . . . . . . . 4.000 francs
Commandeur. . . . . . . . . . . . . . . . 7.000    »

### ISABELLE LA CATHOLIQUE

Chevalier. . . . . . . . . . . . . . . . . 4.000 francs
Commandeur. . . . . . . . . . . . . . . . 7.000    »

### CHRIST DU PORTUGAL

Chevalier. . . . . . . . . . . . . . . . . 5.500 francs
Commandeur. . . . . . . . . . . . . . . . 8.000    »

### COURONNE D'ITALIE

Chevalier. . . . . . . . . . . . . . . . . 5.000 francs
Officier. . . . . . . . . . . . . . . . . . 7.000    »

### LION ET SOLEIL DE PERSE

Chevalier. . . . . . . . . . . . . . . . . 3.500 francs
Officier. . . . . . . . . . . . . . . . . . 5.000    »
Commandeur. . . . . . . . . . . . . . . . 7.000    »

### SAINT-MAURICE D'ITALIE

Chevalier. . . . . . . . . . . . . . . . . 7.000 francs

MÉRITE CIVIL DE SAINT-MARIN

1<sup>re</sup> classe . . . . . . . . . . . . . . 2.500 francs

NICHAM DE TUNIS

Chevalier. . . . . . . . . . . . . 3.000 francs
Officier. . . . . . . . . . . . . . 4.000 »
Commandeur. . . . . . . . . . . . 5.000 »

VENEZUELA

Commandeur. . . . . . . . . . . . . 2.500 francs

La *Bourse des camelots*, rue du Croissant, n'est pas une des moins originales. C'est l'image de la grande Bourse, en petit. Là, tout se vend, se marchande, et s'achète : journaux, *canards*, chansons, pamphlets, images, trouvent preneurs.

A Paris, la Bourse règne donc en souveraine ; les affaires c'est l'argent des autres, axiome célèbre surtout vrai à la Bourse, car il est extrêmement rare que les gens qui y jouent gros sacrifient le leur.

La Bourse est un milieu vicié, où l'imagination se pervertit, où la raison s'oblitère, où toutes les facultés s'évanouissent à tel point que l'on devient incapable de déduire les effets des causes et de trouver l'explication des faits les plus simples.

La Bourse est le lieu où circule une formidable quantité de papiers. Les marchés s'y font à l'aveuglette, sans discernement, au moyen de courants factices de hausse et de baisse. Le petit spéculateur dans ce milieu est comme une chaloupe emportée par un courant irrésistible et invisible.

La Bourse, comme les maisons de jeu, peuple les prisons et grossit la liste des suicides. Il suffit pour appuyer cette observation d'une minute ou d'un chiffre.

A la Bourse toutes les ambitions se donnent rendez-vous : toutes les cupidités y mettent leurs espérances en commun, et la *corbeille*, comme la boîte de Pandore, vomit le regret et le désespoir ; pour un heureux, vingt malheureux.

Le péristyle de la Bourse abrite une foule hétéroclyte, âpre, mêlée, criarde, grouillante, agitée et inquiète. Ce sont les infimes, les ramasseurs d'épaves.

L'intérieur du monument abrite les gros, les ogres de la chose.

Midi sonne.

— Je vends.

— J'achète.

Ces mots sont répétés sur tous les tons. Les paroles s'entrechoquent, se heurtent, comme les coudes des assistants : c'est un tohu-bohu indescriptible et les gens qui passent dans la rue Vivienne en entendant ces cris incohérents, incompréhensibles pour les profanes, se sauvent croyant qu'ils ont en face d'eux tous les aliénés de l'asile Sainte-Anne.

Sur les trente-huit millions d'habitants qui peuplent la France, combien savent ce que c'est que la Bourse ?

Sans être initié, qui comprend la valeur des mots : le *report*, le *terme*, l'*agio*, la *couverture ?*

Peu de personnes assurément, et tant mieux pour elles : elles n'auront pas la fantaisie de jouer et ne seront pas exposées à figurer au *pilori*, le poteau où l'on affiche les noms de ceux qui ne payent pas leur *différence*, les exécutés comme on dit en argot de bourse.

Le bon public s'imagine que la plupart des gens qui jouent le font sur des valeurs certaines, que la Bourse a des rapports sérieux avec la dette ou les fonds nationaux.

C'est une erreur.

Les joueurs n'ont intérêt qu'à faire hausser ou baisser certaines valeurs.

Ce sont des spéculateurs, qui n'ont rien de commun avec des acheteurs ou des vendeurs.

Une opération de Bourse est un marché d'une nature bizarre, étrange. Par l'entremise d'un agent de change, deux personnes s'abouchent. L'une d'elle, le vendeur, se déclare prête à vendre toutes sortes de choses qu'elle n'a pas ; l'autre, l'acheteur, serait absolument désolée, si elle supposait seulement un seul instant qu'on pût lui livrer ce qu'elle vient d'acheter.

La vente des queues de grenouilles payables en monnaie de singe est l'opération la plus habituelle.

Toutes les entreprises industrielles ou industrieuses les plus baroques, les plus insensées, les plus audacieuses trouvent immédiatement une clientèle sur le marché. Qu'on lance les *mines de pavés à ressorts, la société générale du pavage en graine de lin, les carrières de beurre minéral, une filature de macaroni,* il se trouvera des gens qui spéculeront le plus sérieusement du monde sur ces valeurs. On en achète et on en vend des quantités formidables.

Tant que ces *valeurs* subissent un mouvement de hausse ou de baisse, on dit que les affaires marchent ; puis, quand vient la fin du mois, la *différence* est faite au profit du vendeur ou de l'acheteur.

Un boursier célèbre définissait ainsi cette opération :

Quand la *différence* est en ma faveur, j'empoche ; dans le cas contraire je ne paie pas ; voilà la *différence*.

Ceci, il faut le dire, est une exception, car à la Bourse il existe une loyauté de convention. Tel spéculateur qui paie ses différences est relativement honnête. S'il vole cent sous à son café ou quelques milliers de francs à de pauvres diables, ce n'est pas un crime pour ce monde-là : il paie ses différences et cela suffit pour qu'il puisse concourir au prix de vertu.

La Bourse n'est donc qu'un pari perpétuel et tandis que tout récemment on traquait impitoyablement les Bookmakers sur les champs de courses, les audacieux filous qui sont à l'épargne publique ce que la chenille est à la feuille, opéraient tranquillement leur petit tripotage sous l'œil paternel du gouvernement.

Ah! le gouvernement peut avoir des tendresses pour les agioteurs car, comme dans les bandes bien organisées et bien disciplinées, il a toujours la plus grosse part.

C'est le secret des fortunes soudaines de ces rasta-quouères que le suffrage universel ramasse sur les tas d'ordures, sans souliers, sans abri, déguenillés et sans le sou, pour en faire les tyrans du fameux peuple souverain.

On parle de la juiverie, de ceux qui, la veille, vêtus de redingotes graisseuses à sous-pieds, coiffés d'un chapeau sans nom, les cheveux en tire-bouchon, la barbe inculte, paradis de petits animaux si chers à saint Labre, vendaient timidement, sous une porte cochère, sur un plateau ou dans une serpillière en toile d'emballage quarante épingles pour un sou, des pastilles du sérail, des éponges ou des cravates à quatre sous la douzaine, et qui, ayant passé par la Bourse, avaient le lendemain hôtel, chevaux, laquais tout le diable et son train. Mais ceux-là pouvaient avoir été des bidards illuminés par le Dieu d'Israel, tandis que les autres, certainement, profitant de leur situation, de la connaissance des secrets de l'Etat pour s'engraisser au dépens des imbéciles, ne sont que des voleurs.

Il est vrai que quand le cochon est bien gras, sa chair ne sent pas le fumier.

De gros livres ont été publiés sur la Bourse : les uns prétendaient initier le public à ses mystères et le guider à travers ce labyrinthe ; d'autres plus ambitieux, sacrifiant au goût du jour, tombaient impitoyablement sur cette nouvelle féodalité financière qui remplaçait l'aristocratie de l'honneur par l'aristocratie de l'argent.

On pourrait écrire cent volumes sur la Bourse qu'on n'empêcherait personne de jouer et que la question resterait la même.

II

La bourse. — Rue Quincampoix. — La Bourse da.s l'église. —
Les heures de Bourse. — Les boursiers sans patrie. — Envahis-
sement des Juifs.


La première Bourse fut installée par Philippe-le-
Bel, depuis le Pont-au-Change du côté de la grêve entre la Grande Arche et l'Église Saint-Leufroy. On n'y
pratiquait que des opérations de change. L'ordon-
nance que réglementait ces opérations est du mois
de février 1304. Plus tard, cette Bourse fut transportée
dans la grande cour du Palais de Justice au-dessous
de la Galerie Dauphine près de la Conciergerie. Elle
quitta cet endroit pour aller s'établir dans la rue Quincampoix.

Michelet a fait un tableau émouvant et terrible des

scènes d'agiotage qui s'y déroulèrent pendant la furie du système de Law.

Voici ce que dit Michelet :

« Les habiles de toutes nos provinces et de tous pays de l'Europe, sans compter nos Gascons, Dauphinois, Savoyards, avaient pris poste de bonne heure, avaient loué toutes les boutiques pour y tenir bureau.

« Le long de l'étroite rue, — telle aujourd'hui qu'elle fut, — se heurtait, se poussait près du ruisseau, la foule des acheteurs, vendeurs, troqueurs, spéculateurs, dupes et fripons.

« Point de nos seigneurs, mais force gentilshommes, force robins, des moines, jusqu'à des docteurs de Sorbonne, nulle pudeur, la fureur à nu : Injures, larmes, blasphèmes, rires violents : Ajoutez les imbroglios.

« Tel abbé, pour billets de banque, donne des billets d'enterrements ; telles dames se jouent elles-mêmes... Quant la cloche du soir ferme la rue, cette effrénée Babel s'engouffre bouillonnante aux cafés, aux traiteurs des ruelles voisines, aux joyeuses maisons où les espiègles demoiselles soulagent le gagnant de son portefeuille. »

De la rue Quincampoix, la Bourse fut transférée rue Louis-le-Grand (juin 1720). La rue Louis-le-Grand, à cette époque, était à l'endroit où se trouve aujoui-d'hui la place Vendôme. La Bourse quitta cette place et alla s'installer à l'Hôtel de Soissons (Halle au Blé). Un arrêt du Conseil d'Etat, en date du mois d'Octobre 1720, ordonna sa fermeture.

Le 21 septembre 1724, la Bourse fut réouverte à l'hôtel de Nevers (Bibliothèque nationale). Fermée à nouveau le 27 juillet 1793, elle fut rétablie au Louvre le 10 mai 1795 ; fermée encore le 13 décembre de la même année, le 10 janvier 1796, elle s'installa dans l'Eglise des Petits-Pères où elle resta jusqu'au 7 octo-bre 1807, date à laquelle elle fut transférée dans la galerie de Virginie. Le 23 mars 1818, elle prit possession du terrain du couvent des filles St-Thomas. Ce terrain occupait exactement l'emplacement de la Bourse ac-tuelle, mais alors, les boursiers ne s'abritaient point dans un monument somptueux, car la Bourse n'était qu'un hangar ouvert à tous les vents ressemblant à un marché de Province. Ce manque de confort n'em-pêchait point que sous le règne de Louis XVIII il s'y fît des spéculations considérables.

La construction du Palais de la Bourse actuelle fut décrétée le 10 mars 1808 par Napoléon 1er. La construction en fut faite sur les plans de l'architecte Brogniart; les travaux furent dirigés par Labarre. La construction entière coûta huit millions cent quarante-neuf mille cent quatre-vingt douze francs, le palais fut inauguré le 3 novembre 1826. Il mesure soixante-neuf mètres de longueur sur quarante et un mètres de largeur; le nombre des colonnes est de soixante-quatre. Aux quatre angles s'élèvent quatre statues : la *Justice* de Cortot, la *Fortune* de Pradier, l'*Abondance* de Petitot et la *Prudence* de Roman.

Le personnel de la Bourse se compose d'un commissaire de police spécial, un écrivain crieur, un brigadier aux appointements de 800 francs annuels, six gardes aux appointements de 600 francs.

Ce service appartient à la préfecture de police.

Bien qu'en France, à Lyon, Lille, Marseille, il y ait des Bourses, on peut dire qu'il n'en existe qu'une seule en France, celle de Paris.

A Paris, la Bourse est ouverte de midi et demi à trois heures.

A Bordeaux de 10 heures 30 à 11 heures 30.

A Lyon de 10 heures 30 à 11 heures 30.

A Marseille de 10 heures 30 à 11 heures 30.

A Berlin de midi à 2 heures 30.

A Londres de 11 heures à 4 heures, sauf le samedi où elle ferme à 2 heures.

A Vienne de 10 heures à 11 heures et de midi à 1 heure 45.

A Trieste de midi à 2 heures.

A Bruxelles de midi et demi à 3 heures.

A Madrid de 2 heures à 3 heures.

A Barcelone de 2 heures à 2 heures 30.

A Amsterdam de 1 heure 30 à 2 heures 45.

A Rotterdam de 11 heures 30 à 2 heures et de 3 heures 40 à 4 heures.

A Gênes et à Naples de midi à 3 heures.

A Saint-Pétersbourg de 3 heures 30 à 4 heures 30.

A Odessa toute la journée.

A Constantinople sans heures fixes.

A New-Yorck de 10 heures du matin à 5 heures du soir.

Les boursiers ne se piquent pas de patriotisme et ils ne s'en cachent pas.

A ce sujet quelques chiffres curieux.

Le 8 novembre 1799 à la veille du Coup d'Etat de Brumaire, le *tiers consolidé* était à 11 fr. 30 ; le lendemain du Coup d'Etat il monta à 22 francs.

Au 10 mars 1810, au plus fort de la puissance de Napoléon, la rente ne franchit pas 88 fr. 90, elle était de 11 fr. 10 au-dessous du pair.

Lorsque l'Empereur fut interné à l'Ile d'Elbe, la Bourse baissa de 20 fr. ; comme contraste, à la nouvelle du désastre de Waterloo, la Bourse haussa de 50 à 60 francs. Avec les années, ce siècle vieillissant, la situation s'est aggravée de l'invasion des Juifs sur nos marchés.

Depuis 1870, rien ne se fait en France sans la volonté du capital sémitique. Les événements d'Egypte, et de Tunisie, les discordes qui agitent les pays slaves, les ambitions qui troublent les pays tudesques, sont l'œuvre des Juifs.

Juifs anglais, français, allemands, russes se tiennent par la main à travers l'Europe indifférente. Ils font à leur gré la hausse ou la baisse sur nos marchés financiers. L'argent domine tout. Les fils de Jacob ne voient que l'adjonction des millions aux millions, parce qu'ils leur donnent la suprême puissance et qu'avec eux ils peuvent tout acheter, vertu, honneur et conscience.

Avec leurs millions, ils apportent leur action dissolvante dans les choses de la politique ; avec leur or, ils président aux élections ; ils dédaignent le pouvoir public parce qu'il est une charge, mais tiennent à avoir, parmi les Gouvernants, des créatures qui leur obéissent, parce qu'ils veulent diriger sans responsabilité.

Les Juifs possèdent la plupart des journaux ; la qualité de journaliste est un *palladium* qui couvre le boursier et lui permet de traiter de puissance à puissance avec les gouvernements.

Pour enrayer l'action de la justice, leur puissance est d'autant plus redoutable, qu'une solidarité étroite unit la race juive.

Si l'un d'eux commet une infamie, ils font le silence et étouffent la lumière.

Nous en avons un exemple récent :

Un des leurs qui occupe une situation dans la presse, comme critique, a été accusé, par une publication répandue à profusion dans Paris, d'avoir vendu les secrets de ses amis au ministre de l'Intérieur. J'ignore ce que vaut l'accusateur et partant l'accusation. Prévoyant un scandale à la suite de ces révélations et voulant se poser en victime, il a, dans ses journaux, insulté et calomnié odieusement une malheureuse artiste sans défense. Eh bien ! la presse a fait le silence, aussi bien pour le journaliste accusé, que pour la femme outragée.

L'insultée est catholique.

L'accusé est juif.

# III

Financiers d'autrefois. — Littérature et finance. — Les fermiers. — Les usiniers. — MM. Privat et Batiau. — 40.000 francs de commissions. — 2 et 2 font 22. — Les parias de la finance. — M. Jules Paton. — Ch. Gonet. — M. Paulin Caperon. — L'enlèvement d'Emile Pereire. — Du vin à 1.000 francs la bouteille. Un voyage forcé. — Marestain. — Un apprentissage de 12.000 francs. — Spinelli (Paul Bury). — La Bourse. Musique d'Offenbach. — J.-B. Delavault. — La valse des roses. — La banque en garni. — M. Gagne. — M. Delombre. — M. Emile Paccini. — M. Nouette-Delorme. — Alfred Crampon. — Paradis. — Voir Naples et mourir. — M. Auguste Vitu. — Molière et Christophe Colomb. — M. Muraour ou ôte-toi de là que je m'y mette. — Mazas-les-Bains. — M. Charles Ducher et don Fabrice. — Mathorel. — M. Jonas Bernard. — Martin Bécheur. — M. Ernest Blum. — Le cirage porte bonheur. — M. Heymann et les lapppins. — M. André de Saineville. — M. Trégogli. — Castorine Ire. — Cannotte. — Marland. — Lepelletier. — Une émission préparée à Mazas.

Autrefois !

Cette expression est pour beaucoup le regret exprimé par un vieillard qui s'obstine à vivre dans le passé, niant le progrès, fermant les yeux à la lumière qui l'aveugle, tout comme ces archéologues qui voudraient qu'on conservât les ruelles infectes et les cloaques du moyen âge.

Ces derniers ont peut-être raison au point de vue historique.

De même, celui qui s'écrie : autrefois ! n'est point précisément un adversaire du progrès ; c'est un homme qui regrette une époque qu'il juge meilleure et quand il le prouve par voie de comparaison, il faut s'incliner.

Donc autrefois, — et il y a de cela vingt-cinq ans environ, — Paris ne possédait que quelques grands journaux politiques. La plupart, on pourrait dire presque tous, étaient aux mains d'écrivains de valeur, de grand talent, d'hommes politiques éminents. Les uns et les autres, sans distinction d'opinion, formaient une famille étroitement unie.

Le journal d'alors était un camarade qui apportait,

à heure fixe, la joie et la distraction au foyer. Il était lu à voix haute, commenté : pas un fait divers n'échappait ; les enfants pleuraient sur la mort lamentable d'un pauvre chien écrasé.

La littérature seule faisait vivre le journal. La passion, la haine irraisonnée, l'engueulement, la pornographie étaient soigneusement bannies de ses colonnes. Le *chroniqueur financier* même était un littérateur. Le *Bulletin financier* n'existait pas parce que la *Chronique financière* faisait partie intégrante du journal.

*Littérature* et *finance*, ce sont deux mots difficiles à concilier et dont l'accouplement paraît impossible. Pourtant cela était.

Le *littérateur* chargé de la *Chronique financière* ignorait le plus souvent la finance, mais peu lui importait de parler à *côté* : il n'avait pas besoin de lui demander son existence ; il était *appointé* au même titre que les grands écrivains qui faisaient la gloire et la fortune de leur journal.

En un mot le *rédacteur financier* faisait partie de la rédaction.

*Aujourd'hui*, dans le journalisme transformé, le

2*

*chroniqueur financier* a disparu pour faire place à un *fermier*, lequel pour une somme annuelle, calculée sur le tirage du journal, par exemple, cent soixante dix mille francs au *Figaro*, cent mille francs au *Gil-Blas*, LOUE le *bulletin financier* et une fois par semaine la quatrième page du journal.

Le *fermier* emploie des manœuvres connus à la Bourse sous le nom de *bulletiniers*, lesquels gagnent de trois cents à cinq cents francs par mois. Le *chantage* constitue le tour du bâton, et ils ne perdent jamais une occasion de le pratiquer. Il en existe qui sont passés maîtres dans ce genre d'exercice et qui savent plumer la poule sans la faire crier.

Il existe aux environs de la Bourse plusieurs *usines*, dans lesquelles des mercenaires fabriquent sur les indications des *fermiers* des *bulletins financiers* pour plusieurs grands journaux du soir et du matin. On voit d'ici quelle foi le lecteur peut avoir en ces *réclames* ou en ces *attaques* intéressées, car, — et cela s'explique, — il faut d'abord que le *fermier* rentre dans ses avances, paie son personnel et gagne beaucoup d'argent, même et surtout, dans les temps de cataclysmes, de misère et de ruine publiques.

Les deux plus célèbres *usiniers* sont MM. Henri Privat et Batiau. Le premier est millionnaire, le second l'est plusieurs fois.

Il y a fort peu d'années, M. Batiau était un petit *reporter* au journal l'*Evénement*. C'est à peine s'il gagnait 300 francs par mois, et encore ! car chacun sait que chez M. Edmond Magnier la caisse ouvre à midi et ferme à midi moins cinq ! M. Batiau était de plus sténographe. Il ignorait absolument les choses de Bourse, parce que sans doute il n'y voyait pas la fortune.

M. Eychenne qui était alors *reporter* au grand *National* dirigé par notre ami Hector Pessard, était lié avec M. Christophle, directeur du Crédit Foncier. Ce dernier faisait faire sa publicité à M. Eychenne. M. Christophle eut une émission à lancer. Il fit mander M. Eychenne. Celui-ci refusa de s'en charger de crainte de compromettre sa situation au *National*, car Pessard n'aurait pas vu d'un bon œil un de ses rédacteurs se lancer dans une affaire financière, et aussi parce que M. de Soubeyran commanditait le *National*.

M. Eychenne alla trouver M. Batiau. Il lui expliqua

la situation et l'engagea à aller chez M. Christophle pour traiter sous son nom, mais, cela va sans dire, pour eux deux.

M. Batiau ne se le fit pas dire deux fois. Il empauma le directeur du Crédit Foncier et obtint la publicité de l'émission. Seulement il ignorait la valeur des journaux politiques et financiers, et dut s'adjoindre M. Henri Privat, bulletinier à l'*Evénement* et au *Français*. Ce dernier aussi était un pauvre petit financier qui ne vivait que des miettes échappées de la table de ses patrons.

M. Eychenne toucha une misère et partit pour l'étranger, dans les consulats, je crois. M. Batiau garda l'affaire et s'associa avec M. Henri Privat. Ils fondèrent alors l'*usine à bulletins*, et lancèrent les émissions du Crédit Foncier, du Crédit Lyonnais et d'autres maisons importantes, avec une COMMISSION DE 10 POUR 0/0.

Cette commission exorbitante, consentie par les sociétés de crédit, est la chose la plus monstrueuse qui se puisse imaginer. Elle est la cause d'un trafic qui pourrait être qualifié énergiquement d'un seul mot.

Voici en quoi il consiste :

MM. Batiau et Henri Privat ont des familiers, des intimes, tous possesseurs de *canards* invraisemblables qui ne tirent qu'à un nombre insignifiant d'exemplaires ou ne paraissent même pas en temps ordinaire, ce qui est plus simple.

Alors, le jour de la distribution de la publicité, tous se réunissent :

— Toi, D..., combien as-tu de journaux ?

— Cinq !

— Bien, quinze mille francs. Cela te va-t-il ?

— Et toi, H... ?

— Moi, j'en ai neuf !

— Entendu, dix mille francs ! Il ne faut pas aller trop vite.

— Et toi, S..., et toi X... ?

Et ainsi de suite, la répartition se fait en famille. Le lait écrémé, on songe alors à partager le restant, en prélevant — supposons qu'il s'agisse de distribuer 400,000 fr. de publicité — la somme de 40,000 FRANCS DE COMMISSION.

Alors les journaux crient, réclament, se lamentent.

— Que voulez-vous, répondent les *usiniers ;* les affaires sont mauvaises, les compagnies lésinent, nous-mêmes nous subissons la crise, mais la prochaine fois nous vous récompenserons !

Voilà huit ans que cela dure, et les financiers attendent, non sous l'orme, mais sur les marches de la Bourse, que la prochaine fois arrive.

Ce qui arrive parfois, c'est qu'on fait rendre gorge à ces écumeurs des écumeurs.

Un jour, un grand établissement de crédit lança une grosse émission. Le distributeur de la publicité, un membre du groupe, attribua 100 fr. à un grand journal du matin, qui annonce des pastilles dans ses manchettes. M. D..., le rédacteur financier, furieux, alla trouver le secrétaire général de la Société en question : juste à point ! Le distributeur de la publicité était, dans son cabinet, en grande conférence avec lui.

M. D... interpella violemment le pauvre secrétaire :

— Vous me traitez, lui dit-il, moi et mon journal, comme si j'étais une feuille de choux, comme le *Financier de Paris*. Mon journal va vous éreinter de la belle façon. Ah ! je vais l'arranger votre emprunt. Je vais les disséquer, vos rapports d'ingénieurs. Je vais démontrer que pour eux *2 et 2* ne font pas *quatre*, mais *22*.

— Calmez-vous, dit le secrétaire, puis se tournant vers le distributeur de publicité qui ne soufflait mot mais n'était pas dans ses petits souliers, il ajouta :

— Voyons M... (j'allais le nommer), tous vos comptes sont-ils définitivement arrêtés ?

— Oui, répondit l'écumeur.

Puis, distraitement, il jeta un coup d'œil sur sa liste.

— Ah ! pardon, fit-il, après un instant, j'ai un reliquat de 4,000 *francs* ; je vais vous les attribuer.

Grâce à ces 4,000 francs qui flânaient là comme par hasard, le lendemain on pouvait lire dans le journal en question, que les ingénieurs avaient raison et que *2 et 2* faisaient bien *22* et non quatre.

A toi Gogo.

Le joli métier pratiqué par MM. Batiau et Henri Privat n'a pas que le beau côté de l'argent.

A ce qu'il paraît, et cela ne m'étonne pas, grâce à la protection de M. Christophle, le gouvernement avait nommé, sous le ministère Lockroy, M. Batiau *chef de la publicité* à l'exposition universelle de 1889. Si les exposants avaient été traités, comme l'est la presse parisienne, nul doute que M. Batiau n'ait pu, prochainement acheter tout Trouville, et posséder autant de villas qu'il y a de saints dans le calendrier. Ce n'est pas tout, il fut question de le nommer Chevalier de la Légion d'honneur : après ce coup-là, il faut tirer l'échelle !

Mais revenons au bulletin financier.

Il est un paria, il n'est plus comme autrefois un homme indépendant ; les établissements de crédit en savent long à ce sujet.

Parmi les financiers célèbres de l'ancienne école, M. Jules Paton tient le premier rang ; ancien secrétaire d'Emile Pereire, il a écrit au *Journal des Débats* depuis 1846 ; fin lettré, beau diseur, esprit charmant, il faisait la pluie et le beau temps dans le monde financier.

M. Jules Paton écrivit aussi au *Figaro,* pendant quelques semaines, d'amusants articles de Bourse sous le pseunonyme de *Jules Fleurichamp.*

A la faveur de je ne sais quelle intrigue orléaniste, il a été remplacé aux *Débats* par M. Kergall, directeur de la *Revue économique et financière,* une revue qui a eu ses jours de succès, — grâce aux collaborateurs que ledit Kergall avait jadis associés à sa fortune, sans toutefois leur faire partager les bénéfices, car M. Kergall est bien plus économe qu'économiste ! — mais qui depuis un an ne cesse de décroître en saveur comme en profits.

Si encore M. Kergall n'était qu'orléaniste, ce serait assurément le moindre souci de la grande maison qui n'est pas au coin du quai — car on n'y rend pas l'argent pour toute publicité qui a cessé de plaire. — Mais M. Kergall se conduit légèrement avec la langue française, et les privautés qu'il prend avec elle, rendent moroses les bonzes de la rue des Prêtres, gardiens sévères du beau style académique, dont s'enorgueillit de l'autre côté du Pont des Arts l'établissement coupoliforme, où ils se mettent quarante pour châtier notre vocabulaire.

La vérité est que M. Kergall écrit comme un Châteaubriand.... aux pommes soufflées.

Pour expliquer que la rente italienne a baissé de 0 50 c., il se lance à corps perdu dans des métaphores extraordinaires. Ce breton orléaniste emprunte à la marine ses termes les plus techniques et parle à ses lecteurs comme un gabier de grande hune.

Les abonnés gémissent en douceur et commencent

à se plaindre. Un d'eux plus grincheux que les autres, ignorait sans doute que M. Kergall est un orléaniste bon teint, furieux d'avoir été décoré par la République, et qui ne s'en consolera que le jour ou il sera nommé Commandeur de la Légion d'honneur par son Roy légitime; un d'eux, dis-je, peu familiarisé avec la prose de M. Kergall, a eu naguère la naïveté de croire que le bulletin financier des *Débats* était rédigé par un des collaborateurs de l'*Express-finance*, lequel avait eu la bonté d'annoncer la retraite de M. Paton en termes aimables pour le successeur de celui-ci. Il a adressé, à ce journal, une semonce assez bien tournée.

Voici comment s'exprimait, dans une lettre à l'*Express-finance*, cet abonné des *Débats* médiocrement respectueux du style de M. Kergall.

Monsieur le Rédacteur,

Il est bien facile de lire entre les lignes de votre « Information récente au sujet du Bulletin financier du *Journal des Débats* que vous allez en être chargé à la place du regretté M. Paton. J'ai pris mon journal ce matin avec un empressement bien explicable, et j'ai dégusté votre prose. En vérité, c'est exquis :

« La bourrasque par laquelle vient de passer le marché n'a pas sensiblement modifié la situation et la place reste orientée à la hausse. Il est permis d'en conclure que, sauf événements graves, la baisse n'est pas à prévoir, sans aller cependant jusqu'à dire, par contre, que l'avenir est à la hausse. La bourrasque par laquelle nous venons de passer n'a pas laissé de traces matérielles de son passage. »

Les *Débats* sont graves, lus par des lecteurs graves, comme moi ; et cependant je n'ai pu m'empêcher de sourire de cette « bourrasque » qui passe si souvent à travers votre style, et de cette baisse qui ne peut pas plus se prévoir que la hausse.

Mais, je n'ai pu me défendre d'une franche hilarité en découvrant un peu plus loin, dans votre Bulletin, un vent de fermeté, dont l'essor a été arrêté par une rumeur fâcheuse :

« Cet état nerveux, on a pu le toucher du doigt à la fin même de la dernière semaine, alors que, rassurée par la façon dont l'Europe entière interprète la manifestation de lundi, la Bourse se laissait entraîner par un vent de fermeté. Il a suffi d'une rumeur fâcheuse pour arrêter net son essor. »

Vous tenez à votre métaphore :

« La situation de place est saine, peu chargée, présentant, en un mot, toutes les conditions requises pour profiter du *premier vent de reprise.* »

Je le comprends ; c'est gai et hardi. Entendons-nous, vent de

fermeté, vent de baisse, vent de reprise ; vous devriez nous dir
au moins celui que vous préférez.

Tenez, Monsieur, permettéz à un vieil ami du « Caveau » de
vous conseiller de reproduire, en commençant votre nouvelle car-
rière financière, l'invocation du très hilare Desaugiers :

> Muse des bois et des accords champêtres,
> Je viens ici réclamer ton appui.
> Anacréon, Bacchus, ces deux grands maîtres,
> Sont impuissants à régner aujourd'hui.
> Sur cette mer où peut gronder l'orage,
> Seul et sans guide il faudra me risquer.
> Pour que ma « prose » atteigne le rivage,
> Puissent les vents ne jamais me manquer !

Je vois qu'ils ne vous manqueront pas, et je vous en fais mon
sincère compliment.

Recevez, etc.

Les « vents » de M. Kergall firent à grande vitesse
le tour de la colonnade, et l'on délibéra rue des Prêtres s'il ne serait pas prudent d'arrêter leur essor.

Charles Gonet, qui était à la *Presse* et mourut à la
*Liberté,* pour ainsi dire sur la brèche, était le type le
plus complet du gavroche parisien ; ancien ouvrier
typographe, il avait, quoique vivant dans le monde,

gardé les habitudes de l'atelier. Il excellait dans les charges les plus cocasses ; il faisait la joie d'Emile de Girardin, en même temps que son désespoir, car jamais Gonet ne voulut se plier aux exigences du célèbre journaliste, ni à ses combinaisons de spéculateur, combinaisons plus ou moins honnêtes ; c'est pour cette raison que le rédacteur eu chef de la *Liberté*, créa le monde financier à la troisième page de son journal et en confia la direction à M. Paulin Caperon Ce fut également pour ce dernier que Girardin créa, le dimanche, à la quatrième page du journal la *Semaine financière*.

La collection de la *Liberté* est bien curieuse à relire. Dans le même numéro on voyait à la fois, en première page sous la signature Ch. Gonet : « N'achetez pas telle valeur, méfiez-vous » et en troisième page sous la signature Paulin Caperon : « Achetez et ayez toute confiance. »

M. Paulin Caperon était tombé à la *Liberté* comme un aérolithe. Dans une misère noire, chaussé de souliers bains de mer en toile grise, en plein hiver, et celui de 1866 fut assez rude, il venait tous les jours du Vésinet, à pied, et s'en retournait de même.

Doué d'une volonté de fer, il aurait, et il l'a prouvé, été jusqu'au crime pour arriver à la fortune. Dès ses débuts, voyant qu'elle était longue à venir, il proposa à Delavault d'enlever Emile Pereire.

Voici son plan :

Il aurait loué une cave dans une maison isolée d'un quartier éloigné ; puis, il aurait acheté un vieux fiacre ; il se serait déguisé en cocher, aurait fait donner par Delavault à Pereire un rendez-vous sous un prétexte quelconque. Delavault aurait emmené Pereire dans le fiacre conduit par Paulin Caperon et tous deux l'eussent conduit dans la fameuse cave.

— Une fois là, disait Caperon, je me constitue son gardien. Je le laisse crever de faim pendant huit jours, et ensuite je lui offre à manger au tarif suivant :

Une côtelette cinq cents francs,

Un morceau de pain cent francs,

Un fromage de Brie cent francs,

Une bouteille de vin, mille francs.

En le tenant à ce régime pendant trois mois, ajoutait Caperon, nous ferons notre fortune.

Caperon avait lu *Monte-Christo*.

Delavault refusa.

Caperon était si persuadé de l'excellence de son idée qu'il finit par déterrer un commanditaire.

Emile Pereire ne se douta jamais du danger qu'il avait couru.

M. Paulin Caperon fut d'ailleurs un très grand veinard. Nous le retrouverons à la fin de ce volume dans le *Panthéon financier*, le Livre d'or de Mazas.

Après plusieurs condamnations pour avoir volé notamment cinq millions dans le *Canal des Cinq Villes*, la magistrature jugea à propos, cédant à on ne sait quelle influence, de mettre Caperon en liberté sous caution de trois cent mille francs. Il eut été bien naïf de ne pas perdre une aussi petite somme pour aller tranquillement à l'étranger jouir du fruit de ses économies.

Sa fuite est des plus curieuses.

Des amis ou des parents frêtèrent un bâtiment qui était en rade de Bordeaux. Ce bâtiment avait une cargaison de conserves. Caperon, averti, prit le train, mais il s'aperçut qu'il était *filé* par un agent. Il lia connaissance avec ce dernier, lui expliqua qu'il allait à Bordeaux pour acheter une cargaison de conserves qui arrivait de la Plata, et lui offrit de lui faire visiter le bateau.

L'agent consentit.

Arrivé à Bordeaux, toujours accompagné de son garde du corps, comme il avait été convenu, ils montèrent dans une embarcation qui les transporta à bord d'un bateau. En un clin d'œil, l'agent fut ligotté, mis à fond de cale, et le bateau leva l'ancre.

Il se rendit sur les côtes d'Espagne et Caperon vendit ses conserves aux Carlistes, qui, alors, tenaient campagne, sous les ordres de don Carlos, depuis les Aldredes jusqu'à Fontarabie.

Quant à l'agent, Caperon fut moins cruel pour lui qu'il n'avait rêvé de l'être pour Pereire. Une fois dans les eaux espagnoles, il fut mis à terre et rendu à la liberté.

M. Marestain, qui passa aussi par la *Liberté*, à son arrivée à Paris, fit également son apprentissage à ce journal. Émile de Girardin donnait à Paulin Caperon, pour environ 4,000 lignes par mois, la somme mensuelle de 250 fr. Il trouvait que cela était beaucoup trop cher, il engagea M. Marestain de compte à demi. Aussitôt, celui-ci pour faire figure s'empressa de louer un appartement luxueux et une voiture au mois. Il se mit en relation avec des sociétés financières et comme il était très intelligent, il fut vite rompu au métier. Une grande société lança un emprunt russe, M. Marestain alla chercher la part de la *Liberté*. Ce journal était bien coté ; on lui alloua *vingt mille francs* !

M. Marestain, tout fier de ce premier succès, accourut chez Girardin :

— Maître, lui dit-il, j'ai vingt mille francs !

Girardin ajusta son lorgnon, prit les vingt billets de mille que lui tendait Marestaing ; il les compta un à un, plusieurs fois, puis il les enferma dans son bureau.

Marestaing restait bouche bée ; il attendait tendant la main, ses 10.000 francs, part convenue.

— Qu'attendez-vous ? lui dit Girardin.

— Ma part !

— Mais, mon ami, dit le grand journaliste, vous arrivez de province : vous ignorez les usages de Paris. A la *Revue des Deux-Mondes*, on ne paye pas le premier article ; à la *Liberté*, on ne paye pas la première affaire.

M. Marestain profita de la leçon et Girardin se repentit de son manque de loyauté.

Quelque temps plus tard, M. Marestain habitait Enghien. Il avait négocié une grosse affaire avec un banquier célèbre. Il s'agissait d'une commission de 50.000 francs. M. Marestain prit rendez-vous avec le banquier pour aller le lendemain chez Émile de Girardin.

— Surtout, dit M. Marestain au banquier, n'arrivez pas à 11 heures 25 minutes, mais juste à 11 heures et demi.

— Pourquoi, dit le banquier ?

— Parce que le train d'Enghien n'arrive qu'à cette heure-là à Paris et que si vous arrivez avant moi, Girardin garderait tout. Une fois suffit.

Le banquier fut exact et Émile de Girardin dut cette fois partager, non sans faire une grimace.

Ce fut M. Marestain, qui, un jour, fit défiler tout Paris, devant la Maison Dorée. Il avait parié à la Bourse, qu'il déjeunerait avec le baron James de Rothschild ; chacun sait que jamais le riche financier n'avait déjeuné au cabaret. Le bruit de ce pari s'étant répandu, tous les boulevardiers voulurent vérifier ce fait extraordinaire. En effet, à midi précis, M. Marestain qui avait, à dessein, choisi la table qui fait face à la fenêtre donnant sur le boulevard, y prenait place avec le baron James : du coup le crédit de M. Marestain monta aussi haut que le baromètre au Sénégal.

Dame, un homme qui déjeune avec le baron de Rothschild !

Un *chroniqueur financier* d'un tout autre genre que Paulin Caperon, c'était — et nous allons pour la première fois soulever son masque qui intrigua si longtemps le monde financier — M. Antonio Spinelli.

Au *Figaro* bi-hebdomadaire, il rédigea une bourse humouristique sous la signature de Fromentel, en 1869, il fut chargé de rédiger la finance au *Figaro* quotidien. Il adopta le pseudonyme de Paul Bury.

Tout le monde se souvient de ses articles rédigés en vers — quand il n'avait pas le temps de les faire en prose — dont Villemessant disait : — il n'y manque que la musique d'Offembach.

Villemessant avait raison, car il eût été difficile à tout autre qu'à Antonio Spinelli de célébrer la *Ban-*

*que de France* ou le *3 0/0* en vers, aussi lestement troussés et aussi spirituels.

Antonio Spinelli est d'ailleurs connu dans le monde littéraire par son volume de sonnets : *Ce que disent les fleurs*. Ce volume fut couronné par la Société d'Encouragement au bien.

Spinelli quitta le *Figaro* en 1874, époque où la chronique financière cessa d'être une œuvre d'art pour devenir une marchandise.

J.-B. Delavault était un chroniqueur financier étonnant. Il rêvait de remettre la pyramide sur sa base. C'était un financier à système, d'un lyrisme incomparable, en même temps que très savant. Ces articles resteront comme des chefs-d'œuvre de goût, d'adresses et de finesse.

Delavault, du jour au lendemain, se réveilla riche ; il avait fait campagne pour le *Crédit Communal* et sa part de gâteau s'élevait à la somme de huit cent mille francs.

Son premier soin fut d'acheter cent mille francs de meubles, un piano podophone, et à l'hôtel des ventes une galerie d'ancêtres.

Il ouvrit un salon. C'était à mourir de rire. Au dessert, il lisait ses œuvres nouvelles, pendant que le piano jouait la *Valse des roses* ou *Il Baccio* ; il prenait des attitudes d'inspiré. Quand on l'interrogeait sur son silence, il répondait :

— Je donne audience à mes pensées.

Mais la débâcle du *Crédit Communal* vint, et il fallut qu'il rendît l'argent. Son plus grand désespoir fut de se séparer du fameux piano.

J.-B. Delavault fut le créateur de la *Banque en garni*. M. Edouard Blée dont j'ai raconté l'histoire si comique dans *Paris-Escarpe* ne fut qu'un imitateur [1].

Delavault mourut en 1882 sans un sou pour être enterré.

M. Gagne, qui n'avait rien de commun avec l'illustre toqué de ce nom, est peu connu, — ce qui n'empêche qu'il rédigeât avec un grand talent la partie financière du *Temps*.

M. Delombre, dont le nom fait autorité, quitta le *Journal des chemins de fer* pour remplacer M. Gagne.

M. Emile Paccini, ancien lieutenant de vaisseau,

[1] Voir *Paris-Escarpe*, p. 151.

était aussi un brillant écrivain financier. Il signait Jacques Rosier. Ce pseudonyme a également appartenu à sa sœur M^me Paton.

M. Nouette Delorme, dit *l'Egyptien*, et Alfred pour les dames, fut, trois mois seulement, rédacteur financier au *Figaro* sous le nom de Jules Rivarol. Il fut remplacé à ce journal par M. Antonio Spinelli.

M. Nouette Delorme est surtout connu par son ardente campagne contre le *Panama*.

M. Alfred Crampon, qui eut le malheur de n'être pas assez adroit dans l'affaire du *Transcontinental*, rédigea longtemps et fort brillamment la partie financière à la *Gazette de France* et au journal le *Monde*; il fut le fondateur de la *Finance de Bruxelles*.

Paradis, le créateur du *Moniteur des Tirages financiers*, occupa, lors des beaux jours du *Constitutionnel*, une des premières places dans le monde financier.

Voir Naples et mourir, dit un axiome devenu célèbre. Paradis l'a pris au pied de la lettre : il se brûla la cervelle à Naples.

M. Jauret, un abbé défroqué, rédigea longtemps le bulletin à la *Presse*. Il eut un grand succès dans le

*Moniteur des valeurs à lots*; journal de Lepelletier, sous le pseudonyme de : Baron Louis. Ecrivain de style, il contribua par ses conseils perfides à la ruine d'une immense quantité de gens. Il est extraordinaire qu'il ne fût pas compris dans les poursuites exercées par la justice contre ses patrons, au même titre que Judes de Lafosse qui fut condamné à la prison, dans l'affaire des *Vidanges Départementales* pour avoir, dans ses journaux, écrit des articles mensongers de nature à tromper le public.

Roland, le fondateur du *Messager de Paris*, était un des écrivains financiers des plus renommés et justement appréciés, la probité même, exemple, hélas ! trop rare dans le monde financier. Il fit néanmoins une grosse fortune, et eut la joie avant de mourir de marier sa fille à notre illustre confrère Edouard Hervé, le célèbre directeur du *Soleil*.

M. Edouard Cahen, dont les commencements furent modestes, fut longtemps chargé par certaines maisons financières de distribuer la publicité aux journaux financiers. Malgré son impartialité, cette fonction lui valut des attaques passionnées et injustes de la part de tous les parasites qui eussent voulu être traités comme le *Journal des Débats*.

J'ai relu la collection de toutes ces feuilles de choux, elle est édifiante et pleine d'enseignements : — cinquante francs de plus, monsieur Cahen, vous êtes un grand homme, j'accorde ma lyre pour chanter vos louanges, je me fais votre joueur de flûte ; vous faites la sourde oreille, vous n'êtes même pas bon à pendre je vous traîne dans la boue, etc., etc.

M. Cahen a passé impassible, au milieu de ce déchaînement de louanges ou d'injures et est devenu un écrivain de mérite qui dirige le *Pour et le Contre* avec un réel talent. Il fait autorité.

C'est lui le promoteur du *Canal des deux Mers* ; il s'est dévoué corps et âme à cette splendide idée qui est vraiment une œuvre nationale, et sera une source de prospérité incalculable pour la France.

Ce canal reliera l'Océan à la Méditerranée, de Bordeaux à Narbonne, en passant par Toulouse.

Je dis que c'est une œuvre nationale, parce que ce canal nous permettra de concentrer rapidement toutes nos forces, tous nos moyens d'actions et de frapper, avec certitude, sur tel ou tel point des coups décisifs.

C'est une réponse à l'Allemagne qui a entrepris la construction du canal de la mer du Nord à la Baltique dans le but de concentrer rapidement sa flotte en évitant le passage du Sund.

M. Edouard Cahen est chevalier de la légion d'honneur, je ne cite pas cette distinction pour le rehausser, je la cite parce qu'elle a été donnée au travailleur qui a su conquérir une place dans le monde financier à force de persévérance.

J'en ai fini avec la grande période des grands écrivains financiers ; passons à la nouvelle école. Si elle est laïque elle n'est nullement obligatoire et pas du tout gratuite.

M. Auguste Vitu est un produit des plus curieux des *Bulletiniers* de notre époque. C'est un personnage qui fait autorité au *Figaro* où il rédige la critique théâtrale et au *Journal des finances* dans lequel il rédige la finance.

M. Auguste Vitu, dans les siècles futurs, sera aussi célèbre que Christophe-Colomb, sans avoir couru les mêmes dangers. Si le hardi navigateur a découvert l'Amérique, lui a découvert... Molière .Mon Dieu oui, le grand Molière n'existait pas avant M. Auguste Vitu. C'est pour cela que le célèbre critique théâtral du *Figaro* est un grand financier.

Malgré cela, sa grandeur ne l'attache pas au rivage ; il ne dédaigne par les petits profits, et en homme pratique qui connaît notre époque, quand la montagne ne va pas à lui... il va à la montagne !

Un grand titre de gloire pour M. Auguste Vitu, c'est d'avoir été le conseil de Mirès et de Lepelletier. Les actionnaires du *Crédit de France* et de la *Banque Romaine* savent par expérience que les conseilleurs ne sont pas les payeurs.

Zabban, dit le *Juif d'Ancône*, signait au *Charivari* Castorine I<sup>er</sup>. C'était un type étrange qui n'avait pas volé son sobriquet. Il vécut un grand nombre d'années sur le dos de deux personnages qu'il avait imaginés : *Alpaga* et le *Maréchal des Primes*.

Zabban avait une barbe magnifique qui passait, suivant le degré de teinture, par toutes les couleurs de l'arc-en-ciel. Sa boutonnière était non moins bariolée que sa barbe.

M. Muraour, qui signait à la *Liberté*: d'Anglet, était

un joli faiseur. Il eut plusieurs fois maille à partir avec la justice pour avoir été trop souvent sujet à des évanouissements sur les titres qu'on lui confiait. Son départ de la *Liberté* est assez curieux.

M. Henri Privat rédigea le bulletin de ce journal pendant que Muraour avait été envoyé pour guérir ses évanouissements à Mazas-les-Bains, — Diderot-Street. Il devait, la cure terminée, lui rendre sa place, mais quand Muraour reparut, M. Privat qui trouvait la place bonne refusa absolument de la lui rendre.

Méfiez-vous des amis.

Mathorel, célèbre par sa saleté et son égoïsme, était un financier ambulant, méchant, haineux, horrible à voir, faisant mal à entendre, le type parfait du *casseur de sucre.*

Il reçut plusieurs fois des corrections méritées, mais cela ne le corrigeait nullement.

Il en reçut un jour une maîtresse.

Voici à quel sujet :

Mathorel rédigeait la partie économique du *Pays.* M. Ch. Ducher, à l'arrivée de M. Granier de Cassagnac à ce journal, prit la place de Mathorel. Ce dernier, furieux, engueula de la belle façon son successeur.

Celui-ci, peu patient, lui administra une formidable paire de soufflets. Mathorel ne crut pas devoir demander réparation. Il porta ses joues toutes chaudes à la 6^me Chambre correctionnelle M. Delesvaux qui la présidait infligea à M. Ch. Ducher un mois de prison.

C'était roide ?

M. Ch. Ducher est l'inventeur d'un genre en matière financière. Ce fut lui qui créa au journal le *Gil Blas*, sous la signature de *don Fabrice*, la chronique financière qui certainement aida beaucoup à la fortune de cette feuille.

Quand M. Ch. Ducher quitta le *Gil Blas*, il entreprit de fonder un journal politique sous le titre qui lui avait valu tant de succès : don Fabrice, mais le *Crédit Provincial* et *l'Union Générale* qui en faisaient les fonds, ne lui portaient pas bonheur, — ce qui prouve qu'il ne suffit pas d'avoir du talent pour amener à soi le lecteur.

Le successeur de M. Ch. Ducher au journal le *Gil Blas* fut M. Jonas Bernard, le fondateur de *l'Eclat de Rire*. M. Bernard a continué le genre de son prédécesseur sous la signature de Don Caprice : il a, pour collaborateur, Gringoire, pseudonyme de M. Faulquemont, également connu dans le monde financier sous le nom de *Martin Bécheur*.

Dans *l'Eclat de Rire*, M. Bernard a fait une guerre acharnée aux mauvaises affaires, dont il connaissait à fond les dessous. La partie financière du *Gil Blas* nous en donne quelquefois un échantillon mais trop rarement.

M. Delore, bibliothécaire à Sainte-Geneviève, est le bulletinier financier du journal *l'Univers*. Ah ! comme cela doit lui coûter de vanter, à tant la ligne, au rez-de-chaussée, la prospérité des finances républicaines, quand, à l'étage au-dessus, Pierre Veuillot, appelle *Marianne*, une échappée de Saint-Lazare, une vénus pudendagre à l'heure ou à la course !

M. Ernest Blum, un financier supérieur, signe au *Rappel*, du pseudonyme Ursus, le bulletin quotidien. Il fait aussi dans les théâtres : revues, drames, vaudevilles. C'est un homme universel.

Comme il est loin le temps où on l'appelait : Mon petit Ernest, chez Joseph, le fabricant de boutons du cul-de-sac de la rue Amelot. Il n'y a pas que la marchandise si chère à Richer qui porte bonheur, le cirage aussi !!

Il n'est, du reste, pas le seul qui cumule la finance avec le théâtre. M. Delilia qui rédige le bulletin du journal *La Légion d'Honneur* est secrétaire au théâtre de l'Ambigu.

M. Emile Mendel, secrétaire du théâtre de la Gaîté, est en même temps rédacteur d'un journal intermittent qui paraît chaque fois qu'il y a une émission.

Pour les réclamations, prière de s'adresser sous le premier marronnier à gauche des marches de la Bourse.

M. Tréholle est au *Figaro-Programme*.

M. Heymann, officier d'académie, fait faire le bulletin de *l'Indépendant de Poissy*, vilaine localité pour les financiers. C'est un lettré ; sa distinction le prouve d'ailleurs surabondamment. Tout récemment, le rédacteur d'un grand journal, officier d'instruction publique, lui demandait :

— Combien y a-t-il de P à lapins ?

Heymann répondit, sans avoir recours au dictionnaire.

— On met un P au singulier, et au pluriel autant de P qu'il y a de lapins ! !

Parmi les bulletiniers financiers, il en est qui appartiennent à l'ancienne noblesse.

M. André de Saineville est du nombre.

Parmi ses collègues (ces financiers sont si mauvaises langues) quelques-uns affirment qu'il se nomme tout simplement *Louis-Charles-Moreau* comme l'herboriste de Saint-Denis, mais cela importe peu aux lecteurs des *Tablettes d'un Spéculateur* qui sont rédigées avec esprit.

J'ai entendu l'autre jour à la Bourse un mauvais plaisant qui offrait à un ami de lui parier les *lapppins* d'Heymann (officier d'Académie) qu'il ne saurait lui dire pourquoi M. Louis-Charles-Moreau de Saineville était toujours chaussé de bottes à l'écuyère, vêtu d'un costume de lieutenant de vaisseau en petite tenue et coiffé d'une casquette galonnée ?

— Ah ! ce n'est pas difficile, répondit l'ami. C'est un costume *d'écuyer maritime !*

M. Fribourg dit 606, est un ancien ouvrier qui fut célèbre un moment, lors de la création de *l'Internationale.* Il a un petit journal : le *Corsaire* (pourquoi pas le *Pirate ?*) qui moralise, moralise... à tant la ligne.

M. Maysonnade, qui joua, dit-on, un rôle dans l'affaire Rouvier, fut secrétaire de J. David. C'est un excellent financier qui rédige le *Financier de Paris* dans les intervalles où ii ne vend pas de draps.

Le brillant Scrameck, le rédacteur de *Comic-finance*, Malafosse, de *l'Esprit Pratique* Charles Retourné, de Charles Henry du *Moniteur des Valeurs Mobilières*, un joyeux compagnon que le travail a mené à la fortune, complètent à peu près la série des financiers qui de une heure à trois heures se tiennent sur les marches de la Bourse (côté de la rue Notre-Dame des Victoires.)

Ces marches sont célèbres.

Au milieu des journalistes financiers, il y a les chasseurs à l'affût. C'est aussi le rendez-vous d'une catégorie de gens qui sont certainement les adversaires les plus déterminés de la loi sur les récidivistes. Parmi eux il en est quelques-uns dont ie nom passera à la postérité, tout comme Vidocq, Lacenaire, Cartouche et Mandrin.

Cannotte est classé parmi les illustres.

Il était poursuivi pour avoir, comme on dit à Belleville : « effarouché la galette des Pantes ». Il était détenu préventivement à Mazas. Plusieurs fois il avait comparu devant le juge instructeur : l'instruction allait être terminée. Une dernière fois, avant de passer en police correctionnelle, il fut extrait de sa cellule et conduit au Palais de Justice.

Les cabinets des juges d'instruction sont à gauche, sous la voûte, en entrant par le boulevard du Palais. Après avoir gravi deux étages on se trouve dans une grande galerie vitrée qui sert de promenoir aux avocats et dans laquelle attendent les témoins. Sur le côté gauche un couloir obscur longe la galerie. Sur ce couloir s'ouvrent les portes des cabinets des juges d'instruction. En face de chaque porte, il y a, au long du mur, un banc de bois qui y est accoté. Sur ce banc s'asseyent les prévenus, flanqués, suivant leur importance ou leur degré de criminalité, d'un ou deux gardes municipaux. Ces prévenus attendent le moment de comparaître devant le juge.

Cannotte n'avait qu'un seul garde et on ne lui avait pas mis le *cabriolet* !

Au Palais de Justice on est plein d'égards et de mansuétude pour les financiers ; à preuve Bureau qui, peu

après sa condamnation, sortit tranquillement du pré-
toire de la correctionnelle au bras de son avocat, et fila
quelques jours plus tard à Turin.

Le garde et Cannotte s'assirent sur le banc.

Quelques instants plus tard, Cannotte fut appelé. Le
garde attendit.

L'interrogatoire dura assez longtemps. La nuit était
venue. En terminant, le juge lui dit :

— Vous passerez en police correctionnelle dans trois
jours.

— Bien, répondit Cannotte.

Sur ce, il ouvrit la porte. Son garde était là : il se
leva pour reprendre son prisonnier. Le juge avait accompagné Cannotte jusque sur le pas de la porte ; Cannotte le salua et lui dit assez haut pour être entendu
du garde :

— Alors, Monsieur le juge, c'est fini ; je suis libre
jusque-là ?

— Parfaitement, répondit le juge.

Le juge rentra.

Alors Cannotte, tout en s'en allant, s'adressant au
garde, lui dit familièrement :

— Je vous remercie, mon ami, des égards que vous

avez eus pour moi ; vous voyez que je ne suis pas un grand coupable, puisque je suis libre.

Ils descendirent paisiblement, sans se presser, le grand escalier.

Arrivés sous la voûte, Cannotte serra la main du garde, et s'en alla à... Londres, où il est encore !

Une autre figure, non moins curieuse, des marchés de la Bourse était le financier G. Marland. Il dirigeait *la Banque* CENTRALE *de Paris* (un nom prédestiné), située rue Taitbout, 18. Arrêté à la suite de plaintes nombreuses, il fut incarcéré à Mazas. Peu de temps après, il en fut extrait pour assister, en présence du syndic de sa faillite à l'examen de ses livres, et conduit dans ses bureaux. L'opération commença, elle durait à peine depuis une demi-heure, qu'il prétexta le besoin de passer dans une pièce voisine. Les agents qui le surveillaient le laissèrent aller seul. Ne le voyant pas revenir, l'inquiétude les prit et ils frappèrent à la porte du réduit. Pas de réponse ! Ils ouvrirent la porte : plus personne !... Le prisonnier avait disparu. On fouilla immédiatement toutes les pièces de l'appartement, la maison entière : l'oiseau était envolé.

Les agents allèrent avertir M. Macé, l'illustre chef de la sûreté. Il vint, mais pas plus que ses agents il ne trouva qui que ce soit. Il en fut réduit à faire une perquisition dans la cellule occupée jadis par Marland, à Mazas. Peut-être espérait-il que son prisonnier pour ne pas lui faire perdre son prestige de malin policier avait tranquillement réintégré sa cellule.

C'était une illusion. Le célèbre limier ne trouva dans la cellule de Marland qu'une poignée de billets de banque, une forte somme en or et une épingle enrichie de diamants, ce qui prouva encore une fois la bonté de l'administration à l'égard des filous de haute marque.

Pendant ce temps-là, Marland se promenait le plus tranquillement du monde sur le boulevard des Italiens !

J'allais oublier Lepelletier. C'est pourtant le roi des *Pègres* financiers. En voilà un qui pratiquait la fameuse maxime : de l'audace, encore de l'audace, toujours de l'audace. Un mot, en dehors de ses méfaits, le prouvera.

Pendant qu'il était détenu à Mazas, ses amis des

marches de la Bourse allaient le visiter. Un jour, l'un d'eux rendait compte de sa dernière visite.

— Mais il doit s'ennuyer dans sa cellule, dit quelqu'un.

— Pas du tout, répondit l'ami, il prépare une émission.

En effet, à sa sortie, il lança une émission de plusieurs millions, et elle réussit.

# IV

Le tour de la Bourse. — Le marché aux résidus. — Cent mille francs pour trois francs cinquante. — Le moyen de faire faillite avec un million en caisse. — Les intermédiaires. — Les Boursicotiers. — Une commandite d'un million pour dix sous. — Les tapeurs. — Un nouveau moyen de faire cuire les pommes de terre. — Le meeting des affamés.

Le tour de la Bourse n'est pas moins curieux que l'intérieur. Là, point de cris, point d'agitation bruyante, tout se passe silencieusement. Dans la saison d'été, le côté droit, sur la façade de la rue Vivienne présente un aspect tout particulier et très pittoresque.

On sait que l'intérieur de la Bourse est interdit aux femmes, elles ont tourné cette difficulté en s'établissant à l'extérieur. Au dedans des grilles c'est une

Bourse spéciale ; le *Marché des Résidus* ou *Marché des Pieds Humides.*

Les femmes arrivent dès l'ouverture de la Bourse à midi. La plupart portent au bras un petit sac de cuir ; quelques-unes portent un cabas en paille, ou en tapisserie ; elles tripotent sur les actions ou obligations qui n'ont de valeur que le poids du papier.

Toutes ces femmes ont des types qui tiennent le milieu entre la marchande à la toilette et la tireuse de cartes. Elles n'ont pas d'âge proprement dit, et n'était leur costume féminin on les prendrait sur leur mine pour le premier gobseck venu.

Presque toutes appartiennent à la race juive. Leur âpreté dans le marchandage, soit qu'elles vendent, soit qu'elles achètent, est très curieux à étudier. Elles se tiennent à cet endroit pendant le temps que dure la Bourse, de midi à trois heures, quelquefois jusqu'à cinq.

Ces femmes qui ont le génie du commerce et la passion de la spéculation appartiennent à tous les mondes. Anciennes filles ruinées, concierges qui ont appris la finance dans le *Petit Journal*, vieilles maîtresses de table d'hôte, toutes forment un ensemble qu'il serait impossible de trouver ailleurs, excepté à Monaco où les joueuses leur ressemblent comme âpreté, mais dans un ordre plus relevé et dans un cadre autrement merveilleux.

Les opérations qui se traitent là, de la main à la main, au comptant, car la confiance est absolument limitée, ne sont pas très considérables.

On a aisément pour trois francs cinquante, un paquet d'actions ou d'obligations représentant une somme de cent mille francs, valeur d'émission.

Il faut voir avec quelle adresse, quelle habileté, elles font valoir les valeurs qu'elles négocient. Pour gagner cinquante centimes ou un franc, elles dépensent plus de diplomatie qu'il n'en faudrait pour annexer sans guerre la France à la Belgique.

L'hiver, sans souci de la neige, de la pluie ou de la glace, elles sont là, à l'heure, intrépides. Aucun élément ne les ferait reculer d'une semelle.

En dehors de cette spéculation anodine qui contente la passion de la joueuse, sans lui faire courir de risques de ruines, ce commerce de vieilles actions a une autre conséquence :

Certains négociants roublards, pensant à déposer

leur bilan, rêvent au moyen d'équilibrer leur *doit* et *avoir*, afin, lorsqu'ils feront faillite de justifier aux yeux du syndic de pertes réelles. Ils se mettent en rapport avec ces femmes et leur achêtent pour un louis un paquet de *Résidus*. Ils fourrent ces actions dans leur coffre-fort, et le tour est joué : ils ont été malheureux spéculateurs, et vis à vis du syndic ils jouent la comédie de l'honnête homme qui a été trompé et volé par des filous et des scélérats. Les syndics qui sont, pourtant, payés pour être sceptiques coupent presque toujours dans le pont.

Parmi ces femmes, il en est qui jouent sérieusement. Elles ont pour intermédiaire deux ou trois vieux boursiers décavés, qui ont eu le loisir d'étudier dans un cabinet particulier de l'*hôtel* Diderot, toutes les combinaisons financières possibles et même impossibles.

Ils sont connus sous le nom de : *Remisiers pour femmes*.

C'est un spectacle très amusant, pour l'observateur que de voir ces deux ou trois hommes de mauvaise mine, chaussés de souliers percés, vêtus de pantalons effilochés et de redingotes graisseuses, veufs de linge, coiffés de chapeaux hauts de forme, gras et luisants, faisant la navette au pas de course, entre ces dames et l'intérieur de la Bourse, pour les renseigner sur les fluctuations de la rente et des valeurs.

Quelques-unes de ces boursicotières, en opérant prudemment et avec discernement, encaissent de sept à huit cents francs par mois, quelques-unes ne jouent pas : ce sont des boursicotières platoniques ; elles tiennent un carnet parfaitement en règle de toutes les opérations... qu'elles auraient pu faire. Leur conviction est si profonde, qu'elles discutent avec autant d'animation leurs opérations fictives, que si elles avaient été réelles.

Celles qui jouent sérieusement sont à chaque instants exposée à être volées par leurs *Remisiers*. Cela s'appelle : *le Coup du Saute Mouton.*

Voici comment il se pratique :

La joueuse vend mille francs de rentes. Le *Remisier pour dames* exécute cet ordre ; il vend immédiatement, mais il attend la fermeture de la Bourse pour en informer sa cliente. S'il y a baisse, comme il a vendu ferme, il encaisse tranquillement la différence ; si la rente reste au même taux, il lui raconte qu'il y a écart de deux ou trois centimes : dans tous les cas elle est volée.

A ce joli métier, les *Remisiers pour dames* se font des journées qui varient entre cent sous et cent francs !

La boursicotière n'est pas un produit de notre époque : elle date de 1850.

Le tour de la Bourse est, du reste, le rendez-vous d'une foule de déclassés, de rastaquouères, qui viennent là quêter la pièce de cent sous.

Il en existe un très connu qu'on appelle le *tapeur*. Il a des relations considérables ; il commence par vous proposer une affaire de chemins de fer, la création d'un journal destiné à bouleverser le monde entier, ou une commandite d'un million ; il vous cite même les noms de personnages illustres, tous prêts à entrer dans le conseil d'administration ; il vous donne rendez-vous pour le lendemain, à la Galerie du Baromètre, passage de l'Opéra, et finit par vous emprunter cinquante centimes pour prendre l'omnibus.

Le *tapeur* proposait un jour à un de nos amis de fonder une société pour faire cuire des pommes de terre sous les cendres de Napoléon Ier.

On voit aussi errer, sous les marronniers, les décavés qui éprouvent encore une âcre jouissance à venir
contempler le lieu où jadis ils régnaient en maîtres.

En dehors des décavés et des *tapeurs*, on voit à
certains jours, autour de la Bourse, côté des numéros
impairs, un groupe composé d'une vingtaine d'individus qui se parlent bas à l'oreille et paraissent conspi-
rer, une réduction de la Puerta del Sol.

Leurs mises sordides, leurs mines faméliques feraient
croire que ce sont des mendiants qui tiennent en cet
endroit des conciliabules pour se vendre ou se céder
des clients généreux. Point, ce sont des capitalistes !

Mon Dieu, oui, des capitalistes.

Il existe à Paris beaucoup de négociants gênés qui
ont, cependant, du crédit chez un banquier, lequel,
sous leur responsabilité, leur escompte leur bordereau. S'ils créaient eux-mêmes leur papier, le banquier fermerait le crédit. Il escompte, pensant que ce
sont des effets souscrits par les clients du négociant.

Avant la création de ce groupe qui est une idée géniale, les négociants étaient réduits à faire souscrire
par leurs amis des billets de complaisances. Plusieurs
furent pincés pour avoir usé de ce moyen. C'est alors

que discrètement on fit savoir aux négociants dans l'embarras que, moyennant une commission de tant pour cent, il leur serait fourni autant de valeurs qu'ils le désireraient. Peu à peu, cela se redit de l'un à l'autre, et aujourd'hui tous les négociants véreux connaissent le groupe des capitalistes.

Le négociant dit au chef de ce groupe qu'il lui faut pour tel jour vingt-cinq mille francs de valeur.

Le chef de groupe arrive à la Bourse, réunit ses hommes et leur donne rendez-vous chez un marchand de vins ou dans un café borgne du voisinage pour huit heures du soir, par exemple. Il leur explique que chacun aura à lui apporter tant de billets souscrits à telle date. Tous sont exacts et lui remettent les effets. Il leur alloue pour cette besogne un franc ou un franc cinquante par cent francs.

Le négociant escompte ses billets. A l'échéance il reçoit les fiches que le garçon de banque a déposées chez la concierge du souscripteur : il paye ou ne paye pas : c'est la même chose.

S'il paye, le commerce continue, jusqu'au jour où, pressuré par les usuriers, il sombre. S'il ne paye pas, on poursuit le souscripteur, mais comme ce dernier n'a qu'une misérable chambre et un mobilier sommaire, la poursuite tombe dans l'eau.

Une particularité curieuse qui prouve la foi qu'il faut ajouter aux maisons de renseignement, lesquelles prétendent mettre en garde le commerce et se parent de titre pompeux : *Sauvegarde, Sûreté*, etc. etc. Il existe un de ces malheureux qui depuis dix ans alimente de sa signature un négociant qui a toujours bien payé à l'échéance ; il est coté par ces maisons *Crédit numéro un*, et il n'a pas vingt francs de mobilier!!

ar les beaux soirs d'été, le tour de la Bourse est garni d'une foule compacte qui forme une sorte de club en plein vent. Là, pérore régulièrement, au milieu d'un auditoire attentif, un pauvre fou, qui a perdu tout son avoir à la Bourse. Il fulmine contre ceux qui l'ont ruiné, il voudrait qu'on démolisse le monument, qu'on passe la charrue sur ses ruines, qu'on y sème du sel. Il va sans dire qu'il est applaudi frénétiquement par le tas de va-nu-pieds qui l'écoutent, car les vagabonds, qui n'ont absolumeut rien à faire, en attendant l'heure où ils iront coucher au refuge à nos frais, viennent se payer leur air de Bourse et traîner leurs guenilles sur les trottoirs. Les gardiens laissent faire. Que pourraient-ils, d'ailleurs ? Les chasser ! Ils reformeraient plus loin leur groupe et tout serait dit.

Ces mêmes vagabonds firent un jour trembler les princes de la finance. Un journal socialiste avait imaginé de faire sur la place de la Bourse le meeting des affamés. Pendant trois jours, le tour de la Bourse fut envahi par des bandes qui sortaient d'on ne sait où, tandis que Louise Michel les excitait à cerner les repus dans leur repaire et à monter à l'assaut de l'infâme capital. Ils étaient bien deux cent et dans les sous-sols de la Bourse il y avait un millier d'agents, autant à la mairie du deuxième, sans compter le bataillon de la garde républicaine à la Banque. Les affamés ne prirent rien du tout. Louise Michel reprit le chemin de chez elle, et les Boursiers continuèrent à prendre l'argent des autres.

V



L'extension des affaires financières a donné le jour à une catégorie de parasites, celle qui fait le plus bel ornement des marches de la Bourse.

Ils pratiquent un petit métier que n'aurait certes pas rêvé Privat d'Anglemont.

Les journaux appartenant aux institutions de crédit, lesquels coûtent fort cher étant donnés aux abonnés pour cinquante centimes ou un franc par an, ce qui n'est pas le prix d'affranchissement, ces feuilles produisent un revenu de la manière que voici :

Elles soutiennent les valeurs des maisons dont elles sont l'organe et elles en patronnent les émissions.

Ces feuilles, à l'exception de quelques-unes, seraient plus proprement nommées des prospectus.

C'est une grosse question qui intéresse l'épargne publique et tout particulièrement les institutions de Crédit qui sont volontairement tributaires de ces pirates, car elles n'auraient qu'à leur fermer la porte pour s'en affranchir.

Ces journaux vivent de plusieurs manières.

En première ligne, il nous faut placer les journaux financiers et indépendants qui font payer à l'abonné un prix assez élevé pour vivre d'eux-mêmes.

Ces journaux, il faut à notre grand regret l'avouer, sont trop peu nombreux : ce sont eux qui constituent le vrai journalisme financier.

En dehors d'eux on compte environ *deux cent dix* feuilles qui vivent de :

> *Réclames,*
> *D'émissions,*
> *De louanges,*

*De blâmes,*

*De mensualités,*

*De renseignements par lettres confidentielles.*

Avant d'aborder les *trucs* (qu'on me pardonne cette expression), imaginés par ces feuilles pour vivre aux dépens des Sociétés Financières, il est curieux de savoir comment elles se confectionnent.

Le matériel est des plus simples.

De l'instruction, des connaissances économiques et financières seraient choses superflues.

Des ciseaux, des pains à cacheter suffisent.

Voici le procédé :

Le *ressemeleur financier* choisit quatre ou cinq des journaux *indépendants rédigés* : Le *Capitaliste*, le *Messager de Paris*, le *Moniteur de l'Epargne*, l'*Economiste*, la *Semaine financière*, le *Moniteur des fonds publics*. Il coupe, coupe encore, coupe toujours ; il aligne ses coupures, et il mesure *sa rédaction* à l'aide d'une ficelle. Quand ses colonnes sont *pigées*, il envoie à l'imprimerie et fait tirer 100 à 125 exemplaires pour *justifier*, c'est-à-dire pour, en envoyant sa feuille aux Sociétés de Crédit, affirmer qu'elle vit toujours.

Quelques-uns ont simplifié le procédé ; ils se contentent de faire tirer des *épreuves à la brosse*.

Ce procédé est l'enfance de l'art.

Le vieux proverbe dit : que l'appétit vient en mangeant ; aussi ces pseudo-journalistes, ou mieux en les appelant par leur vrai nom, ces exploiteurs de journaux, voyant que les Sociétés de Crédit leur donnaient aussi facilement annonces ou réclames sans s'occuper de leurs tirages, se tinrent ce langage :

— Puisqu'on nous donne pour un journal, pourquoi ne nous donnerait-on pas pour plusieurs ?...

Ce langage malhonnête mais judicieux — leur succès l'a prouvé — a donné naissance à une industrie, à qui certes le prix Monthyon ne sera pas décerné.

Quelques-uns de ces *journalistes* ont *dix* journaux, voire même *quinze, dix-sept, vingt*. S'ils avaient dû payer la composition de chaque journal, le tirage, etc. le résultat eût été le même que pour un seul, alors...

Voici le truc :

Supposons six journaux.

La composition, pour un seul, coûte à peu près soixante francs avec le papier, le tirage, les *étoffes* (bénéfices de l'imprimeur).

Mettons cent francs.

On démarque les *titres d'articles* ; on *remanie* la mise en pages ; ce qui était en tête passe en queue et *vice-versa* ; on change le titre et voilà un nouveau journal !

Voici le résultat de la combinaison :

*Un seul* journal coûtera 100 *francs* ; les *six* coûteront un peu moins de *deux cents francs.*

Supposons une annonce d'émission payée 100 *francs*; soit 400 *francs* de bénéfices.

Les Sociétés de Crédit connaissent-elles cette exploitation audacieuse qui constitue, disons le mot, *un vol* au même titre que l'acte de l'épicier qui vend de la chicorée pour du café ou du boucher qui vend du cheval pour du bœuf ?

Il est à croire que non. Autrement elles résisteraient aux prétentions de ces industriels qui ne peuvent leur rendre *aucun service.*

*Ce vol* a pour les Sociétés de Crédit et surtout pour l'Epargne publique une conséquence des plus graves.

Que *deux cent dix* journaux inutiles reçoivent annuellement la somme de 4,000 *francs* (c'est la moyenne) au total environ *un million ;* où les Sociétés prennent-elles cette somme ?

Dans la bourse des Actionnaires.

S'il s'agit de *lancer une affaire,* cette dépense inutile la grève dès son début et force les Sociétés à la majorer pour satisfaire les appétits des exploiteurs.

Résumé : ruine de l'affaire, ruine des Sociétés pour faire vivre ces parasites !

Ce système a du bon pour les exploiteurs, puisque tous les jours de nouvelles feuilles se créent. La saison n'y fait rien ; elles poussent en tout temps, *arrosées* qu'elles sont par les Institutions de Crédit.

Si les Sociétés leur refusaient impitoyablement : réclames ou annonces, il n'y aurait bientôt plus de journaux de cette nature, et ces financiers d'occasion abandonneraient vite une industrie qui a pour conséquence d'arrêter l'essor des affaires et de troubler l'esprit du souscripteur.

L'impôt prélevé par ces soi-disant feuilles financières, tout en étant très onéreux pour une grosse affaire, n'est en somme pas très sensible, réparti sur une centaine de millions : mais sur une petite affaire ?

Combien y a-t-il d'excellentes affaires industriel-

les que les Sociétés refusent, parce qu'elles ne peuvent
les majorer en raison des frais de publicité ?

Il en existe des quantités pour qui un capital de
500,000 francs ou d'un million serait suffisant !

Prenons une affaire au capital d'un million divisé
en 2,000 actions de 500 francs.

La Société de Crédit prélève 10, 15 ou 20 0/0 pour
lancer l'émission : prenons 15 0/0 comme moyenne,
cela fait 150,000 francs de commission. C'est modéré,
eu égard aux responsabilités qu'elle encoure.

Il lui faut pour payer la publicité :

150,000 francs pour les feuilles politiques de Paris
et de la province.

100,000 francs pour les 152 journaux financiers.

100,000 francs pour les 210 journaux parasites.

50,000 francs pour les feuilles de chantage.

Voilà un total de 400,000 francs.

Ainsi, voilà une affaire qui avant d'avoir vu le jour
est grevée de 55 0/0 !!!!

De deux choses l'une : ou il faut prendre cette somme
sur le capital, ou il faut majorer l'affaire d'une somme
égale pour avoir un million net.

Si le million est indispensable, l'affaire est mort-née,

vouée à la faillite, avant même que l'actionnaire ait reçu un sou d'intérêt, car pour parfaire l'écart, si de *un million* l'affaire est portée au capital de 1,500,000 francs, il faudra payer un intérêt proportionné à l'Emprunt et il faudra que cet intérêt soit produit par *un million* !

Il s'ensuit que l'actionnaire qui a cru faire un placement à 5 o/o ne l'a fait qu'à 3 o/o puisqu'il y a 550,000 francs improductifs (commission et publicité.)

La publicité a été utile pour amener les souscripteurs dans les grands journaux politiques et dans les journaux financiers à *tirage :* oui ; mais dans les feuilles parasites : non !

Il reste aux Sociétés la ressource d'émettre des obligations, mais l'opération reste la même, puisqu'il faudra dépenser une égale somme, sinon supérieure, pour opérer le placement des obligations.

Et si la première émission ne réussit pas, si le *marché* ne se *fait* pas sur les valeurs émises, autre dépense. C'est l'engrenage. La maison veut les soutenir : alors la *Mensualité* apparaît.

Qu'est-ce que la *Mensualité* ?

C'est la louange à tant la ligne.

Alors, comme un seul homme, les parasites se ruent sur la *société* en détresse, comme cela est arrivé pour le Crédit de France.

Cette Société, attaquée de toute part, avait vu ses titres en plusieurs bourses baisser de 500 francs. C'était la ruine. Il fallait à tout prix rassurer les actionnaires, afin que les versements vinssent combler les vides de la caisse.

Les attaques cessèrent spontanément pour faire place à la louange la plus exagérée. Les actionnaires, se doutant peu des motifs de ce brusque revirement, versèrent pour la plupart leur différence.

Ces louanges serviles coûtèrent plus de 100,000 francs !!

Si cette somme avait été réservée pour payer les dividendes et que les parasites financiers aient continué leurs attaques, les actionnaires eussent-ils versé moins facilement ?

Assurément non, car la loi est là pour les récalcitrants.

*Si les directeurs des Sociétes Financières, au lieu de porter leur attention sur des louanges intéressées qui ne peuvent satisfaire que leur amour-propre mais ne trompent personne aujourd'hui, se syndiquaient et prenaient, d'accord avec les journaux financiers dignes de ce nom, la résolution énergique, franche, carrée, de dire, chaque semaine, dans leurs journaux, à tous les petits rentiers, à toute l'Epargne française, la vérité sur la pression constante dont ils sont l'objet et les actionnaires, les victimes, on verrait peu à peu le combat finir, faute de combattants.*

Toutes ces taupes qui vivent aux dépens de l'épargne publique comme les rongeurs au dépens du cultivateur, rentreraient dans leurs trous et le journalisme financier, redevenu respectable, serait respecté, écouté et honoré comme par le passé.

— Oui ! mais si *la louange* est sans efficacité sur l'esprit de l'actionnaire, *le blâme* peut l'affoler, lui faire vendre immédiatement ses titres et amener la ruine des Sociétés de Crédit. Il faut donc que nous payions la louange et que nous *achetions* le silence de ceux qui nous *blâment*, disent les directeurs des Institutions de Crédit.

Mauvaises raisons ; vous encouragez par votre pusillanimité les parasites financiers et vous devenez les complices de ceux qui vous exploitent en **vous faisant** peur. Vous êtes comme les moineaux : vous prenez pour des hommes des mannequins vêtus d'oripeaux qu'on pend dans les cerisiers.

Vous favorisez le chantage.

VI



Il y a mille manières de faire *chanter* les sociétés financières :

*Le truc de la note.*

*L'article à sensation.*

*L'article de menace.*

*L'article commencé qui ne finit pas.*

Les annales financières comptent des ménestrels célè-bres, des troubadours de première classe ; j'en pourrais nommer plus de cinquante.

Le *chantage* est pratiqué par une vingtaine de journaux financiers avec certain succès.

Chacune des lignes de ces feuilles est calculée avec une perfidie sans égale et une habileté parfaite.

On pourrait dire d'elles ce que Joseph Prudhomme disait de son fameux sabre : Elles servent à combattre nos Institutions de Crédit et au besoin à les défendre !

On connaît les journalistes (Pardon, chers confrères) qui vivent de ce métier. Les Compagnies Financières les subissent, les encouragent même. La preuve en est dans ce fait brutal : depuis 1873, on ne trouve dans les journaux judiciaires que SEPT condamnations pour délit de *chantage financier*, et encore deux condamnés ne le furent-ils que pour avoir eu la maladresse de communiquer leurs épreuves.

C'étaient des apprentis !

Est-ce l'adresse des maîtres chanteurs qui est cause de cette étrange anomalie ?

Est-ce indifférence de la magistrature ?

Non ! C'est la faiblesse des directeurs des Sociétés de Crédit, qui préfèrent payer que de se plaindre, sans songer que ces gens-là sont comme le tonneau des Danaïdes. L'or du monde entier serait insuffisant à les emplir. Quand un a fini, l'autre recommence : c'est éternel !

Lorsque le malheureux Bureau passa en cour d'assises, son défenseur, M<sup>e</sup> Fontaines de Rambouillet, révéla que Bureau avait payé plus de 400,000 francs, afin que les journaux de chantage ne dévoilassent pas ses condamnations antérieures.

C'était un silence chèrement acheté.

Il existe une sorte de franc-maçonnerie entre les feuilles de chantage. Il est rare de les voir s'attaquer. Celle qui prendrait l'offensive craindrait de s'exposer à des représailles trop faciles, leurs rédacteurs ou inspirateurs étant tous plus véreux les uns que les autres.

Voici le *truc de la note* :

Dans un endroit apparent du journal, en gros caractères, entre deux filets gras et maigres, on lit une note se terminant généralement ainsi...

« Nous ajournons à huitaine l'examen approfondi des affaires de la Banque de X...Nous serions heureux de n'avoir qu'à en dire du bien. »

Cette *invite à éclairer* réussit presque toujours au premier coup, mais parfois la Banque, fatiguée, hésite à *chanter*. Comme il faut lui laisser le temps de la réflexion et que brusquer les choses serait d'une insigne maladresse, la semaine suivante nouvelle note.

« Nous sommes forcés d'ajourner encore à huitaine l'étude pro-
« mise des affaires de la Banque de X. La quantité de lettres que
« nous recevons de tous les points de la France et même de
« l'étranger, est si considérable, qu'il nous faut le temps matériel
« pour les dépouiller. Nos lecteurs ne perdront rien pour atten-
« dre. »

La Banque s'exécute.

Aussitôt on lit dans le numéro suivant :

« Nous disions dans notre avant dernier numéro, à propos des
« affaires de la Banque de X que nous serions heureux de n'avoir
« qu'à en dire du bien. Nous ajoutions dans notre dernier numéro,

« que nos lecteurs ne perdraient rien pour attendre. Nous avions
« raison ; jamais les affaires de la Banque de X n'ont été aussi pros-
« pères : ACHETEZ, ACHETEZ toujours. C'est une valeur de tout re-
« pos, une valeur de portefeuille, la fortune de l'avenir ! »

La plus pauvre des mines de charbons prend tout à coup des proportions phénoménales ; les mines d'Anzin à côté ne sont que des mines de carton !

Si la Banque avait résisté, l'article eut été retourné ainsi :

« VENDEZ, VENDEZ toujours ! Cette valeur ne présente aucune sé-
« curité ; videz votre portefeuille ; les lettres, qui nous sont arri-
« vées de toute part, contiennent des révélations telles que nous
« n'hésitons pas à vous dire encore : VENDEZ, VENDEZ ».

Ce truc épuisé, le maître chanteur ouvre une rubrique spéciale sous ce titre : *valeurs offertes* :

Toutes les valeurs de la maison récalcitrante y figurent au plus bas cours : si au contraire la maison a *casqué* largement, cette rubrique est remplacée par celle-ci : *valeurs demandées*, et toutes ses valeurs y figurent au plus haut cours, même à des cours fictifs plus hauts que la tour Eiffel.

Et l'actionnaire au milieu de ce gâchis ?

C'est sur son dos que la partie se joue ; car, si par

hasard il lit ces feuilles, vénales autant que soumises, et qu'il suive leur conseil, le résultat est le même pour lui :

S'il *vend* ; il est *ruine*.

S'il *achète*, il est *ruine*.

Il n'y a donc que le maître chanteur qui encaisse, et dire qu'il y a des imbéciles pour ajouter foi à de pareilles inepties.

Voici en quoi consiste le *truc de la cote*, sous cette rubrique : *valeurs dépréciées* on lit ceci :

« Il nous a paru intéressant de rechercher d'après la Cote Officielle, quelle était la situation des affaires lancées par la Banque de***

Voici le résultat de nos recherches :

3,000 actions C$^{ie}$ des Mines de X émises à 500 fr.. cours 430 fr., perte 70 fr. par action. . . . . . . . . . 210,000

3,000 actions des Eaux de Y émises à 500 fr., cours 280 fr., perte par action 220 fr. . . . . . . . . . . . 660,000

2000 obligations Carrières de Z, émises à 500 fr., cours 285 fr., perte par obligation 115 fr. . . . . . . . . . 230,000

Enfin, ceci est de l'histoire, en énumérant les diverses émissions et en additionnant les pertes on arrivait au total de fr. 17,516,250.

Cette note suivait :

« Pas de commentaires. Rien n'est brutal comme un chiffre. Aux lecteurs de conclure. »

La Société payait.

A une autre !

Le *Truc du remboursement* a été expliqué dans *Paris-Escarpe*[1].

Que conclure de ceci ?

Que les petits capitalistes doivent délaisser les faiseurs qui leur promettent des intérêts magnifiques, qu'ils ne peuvent payer, et revenir aux saines traditions du placement à 5 ou 6 o/o dans des maisons sérieuses de tout repos ;

Que les Sociétés Financières éliminent tous les parasites qui ruinent, dévorent l'épargne, qu'elles réagissent et se souviennent qu'elles peuvent être prises pour les complices de ceux que la justice atteindra un jour ou l'autre, si elle sait faire son devoir.

Le capital est timide, dit-on, les affaires vont mal. Non, le capital n'est pas timide. Non, les affaires ne vont pas mal. Seulement, comme depuis vingt ans, la

[1] Voir *Paris-Escarpe*, p. 221.

place de Paris s'est vu voler plus d'un milliard, le capital hésite, car il ne sait où aller.

Une universelle défiance s'est emparée des petits rentiers, et les Cours de la Bourse ne donnent plus à l'épargne la sécurité qu'elle avait autrefois. Les petits banquiers, à l'aide de leurs journaux, utilisaient cette inquiétude et suivaient pour leur clientèle les mouvements de Bourse. Ils ont volé les capitalistes. De là la défiance.

Un des plus audacieux chantages de notre époque est le chantage organisé contre le Panama, c'est-à-dire contre la France et contre son épargne.

La question du Panama occupe une place importante, considérable au point de vue français, dans les préoccupations du Monde financier. Elle préoccupe à juste titre la petite épargne.

L'entreprise du Panama est attaquée avec une violence qui n'a d'égale que la ténacité et l'énergie de la défense.

On se demande à bon droit comment, le petit rentier qui, de tous les points de la France, a donné son obole, les économies de sa vie entière, peut-être même le pain de l'avenir, pour aider M. Ferdinand de Lesseps à mener à bien son œuvre ; œuvre éminemment nationale, la plus grande et la plus audacieuse conception, qui illustrera notre siècle, on se demande, dis-je, comment le petit rentier a l'énergie de résister à toutes les obsessions qui lui sont chaque jour prodiguées pour l'amener à abandonner ses titres ?

Chacun connaît et se rappelle les luttes terribles que M. Ferdinand de Lesseps eût à soutenir, lorsqu'il conçut le projet du percement de l'Isthme de Suez. On sait également comment il put arriver, après des efforts surhumains, à mener à bien ce gigantesque travail.

Les entraves les plus sérieuses n'étaient pas le manque d'argent. C'était l'opposition systématique de l'Angleterre. Elle fit traîner en longueur les négociations entamées avec le Vice-Roi d'Egypte et, de l'aveu même du *Times*, elle faillit faire avorter l'entreprise. Les ministres de l'Angleterre, ses ambassadeurs successifs continuèrent à accumuler les obstacles sur la route de M. Ferdinand de Lesseps. Malgré tout, il gagna à sa cause la majorité des hommes de commerce et de navigation.

6

Les adversaires du Canal de Suez étaient de deux sortes : les politiques et les agioteurs.

Les agioteurs ne pouvaient pardonner au promoteur du canal de n'avoir pas sacrifié sur leur autel, d'avoir constitué, sans leur intermédiaire onéreux, le capital social, d'avoir soustrait à leur manifestation l'affaire la plus grande et la plus fructueuse du siècle.

Les agioteurs travaillaient de tous leurs efforts à désorganiser les actionnaires. Ce moyen leur avait été enseigné par le parti politique.

Lord Palmerston, au moment où s'ouvrait la souscription, criait et faisait crier par les journaux anglais aux capitalistes :

— C'est une intrigue et une manifestation deshonnête. N'entrez pas dans la Compagnie du Canal de Suez.

Pour arriver à un résultat complet, on n'épargna aucun moyen. On agiotait à la Bourse ; on multipliait les articles ; on les expédiait au domicile des actionnaires. Les journaux étaient estampillés d'un timbre spécial : *recommandé*. On imprimait et on colportait toute espèce de faux bruits, de fausses nouvelles. On semait l'alarme ; on menaçait de ruiner les capitaux engagés. En un mot, il fallait à tout prix couler l'affaire, afin de la repêcher en eau trouble.

Lorsque M. Ferdinand de Lesseps alla en Anglcterre, pour aplanir ses obstacles, il eut une entrevue avec Lord Palmerston. Celui-ci répondit cyniquement que l'entreprise du Canal de Suez était à son avis sinon matériellement impossible, du moins *fantastiquement extravagante* et ne produirait *jamais de bénéfices*.

Il se trouva même des ingénieurs anglais, qui ne craignirent pas, dans de volumineux rapports, de déclarer le Canal inexécutable.

Le Ministre anglais et ses ingénieurs avaient la vision obstruée par la passion politique. Cette entreprise si « extravagante, » si « folle, » si « inexécutable » a donné à l'Epargne française plus de un *milliard et demi de francs* sans compter le développement considérable imprimé à notre commerce par l'exportation et l'importation.

Quand M. Ferdinand de Lesseps eut triomphé de tous les obstacles suscités par l'Angleterre au point de vue politique, il lui resta à vaincre les obstacles matériels.

Pour lui c'était un jeu.

M. Ferdinand de Lesseps avec le concours d'amis dévoués, forma le premier capital de la Compagnie. Elle commença d'abord par un syndicat privé. Ses amis contribuèrent chacun pour cinq cents francs à parer aux dépenses préliminaires.

Chaque action d'origine vaut maintenant plus de un million. Ce qui prouve, que si la foi des premiers apôtres catholiques a soulevé des mondes, celle des apôtres du canal de Suez a été placée à plus gros intérêts. Il est vrai qu'ils étaient plus nombreux que les douze premiers.

Un groupe d'Egyptiens, amis du Vice-Roi, avaient aussi foi en l'avenir du Canal de Suez et surtout en Ferdinand de Lesseps, mais l'Angleterre ne désarmait pas, voyant le Canal commencé et le mouvement qui se faisait autour de l'immense projet de M. Ferdinand de Lesseps, elle essaya d'influer par tous les moyens possibles, pour que le Canal ne pût être achevé. Elle mena une campagne terrible. Tous ses journaux obéissant à un mot d'ordre et il faut malheureusement l'avouer, il se trouva des journaux français pour faire chorus. Tous dénaturèrent les opérations et essayèrent de provoquer une baisse sur les titres au fur et à mesure des émissions.

L'Angleterre était dans son rôle en ne voulant pas du Canal de Suez au point de vue politique. La France, l'Espagne, l'Egypte, l'Italie, la Russie étaient dans le leur en aidant le hardi pionnier de leurs deniers et de leurs encouragements pour terminer son œuvre de civilisation.

Quand l'achèvement du Canal de Suez eût donné raison à M. Ferdinand de Lesseps, il conçut l'idée du Canal de Panama. Des souscriptions publiques furent faites, auxquelles le public répondit avec empressement tant la foi était grande. Comme pour le canal de Suez, nous voyons les mêmes phénomènes se produire. Tant que le Canal de Panama fut considéré comme impraticable et inexécutable, le silence était fait autour de la nouvelle œuvre, mais depuis deux ans, le Canal de Panama est considéré par les rapports d'ingénieurs compétents comme réalisable ; depuis deux ans, l'outillage du percement a été si perfectionné et est devenu si puissant que les détracteurs du Canal, obéissant à des intérêts multiples, politiques et financiers, se sont tendu la main à travers les mondes afin d'empêcher l'achèvement de l'œuvre de M. Ferdinand de Lesseps, comme ils avaient essayé de le faire pour le Canal de Suez.

Si je parle si longuement de l'œuvre de M. de Lesseps, c'est moins pour lui-même que pour l'Épargne publique qu'on voudrait ruiner et qui n'entend rien aux subtilités financières et politiques.

Ce n'est pas M. de Lesseps, qui est visé personnellement ; c'est l'Épargne tout entière de la France, son avenir, sa grandeur.

Cette fois, le chantage financier dirigé contre le Panama et contre l'Épargne publique, n'est point l'œuvre de l'Angleterre, c'est l'œuvre de l'Allemagne et de l'Amérique coalisées.

L'œuvre de l'Allemagne, qui, non satisfaite du Sédan de 1870, voudrait nous infliger un Sédan financier. Le mot a été publié par le *Daily News*, journal officiel du gouvernement anglais.

Hésitant à engager la guerre par peur de l'Europe, elle lance sur la France, clandestinement, tous ses juifs véreux pour essayer de nous reprendre encore une fois cinq milliards et plus.

Il serait à désirer que tous les souscripteurs du Panama pussent lire ce livre ; ils comprendraient que le patriotisme doit leur dicter le stoïcisme dans cette tempête passagère et le calme pour attendre les événements. Ils doivent résister au chantage organisé par les banquiers allemands, qui se sont constitués en société, sous le couvert d'une société belge dont le siège est à Bruxelles, et qui s'est donné pour mission de ruiner le Panama, pour reprendre l'œuvre sur ses débris. Ils sont suivis dans cette œuvre malsaine et immonde par la bande de maîtres chanteurs, de financiers véreux, échappés de Mazas ou de Clairvaux, de journalistes sans noms dont la plume n'a pas de patrie, d'entrepreneurs à qui la Compagnie du Panama, soucieuse des intérêts de ses actionnaires, n'a pas voulu consentir des marchés onéreux, d'anciens notaires brouillés avec la morale et la caisse, d'anciens diplomates en rupture d'ambassade qui pensent, en aidant l'Allemagne à canaliser le chantage, parvenir à être un jour quelque chose dans l'administration de cette admirable entreprise.

Ils croassent autour du Canal de Panama comme les corbeaux sur un champ de bataille.

Toute cette bande parfaitement organisée, tout

comme celle de Gille et d'Abadie. A l'aide des fonds des reptiles, publie des brochures, des opuscules, des pamphlets, des journaux, pour essayer d'effrayer le public et parvenir à son but [1].

L'Amérique seconde l'Allemagne dans cette ténébreuse entreprise ; et voici pourquoi :

En Amérique les chemins de fer sont aux mains d'individus, qui agissent sans contrôle de conseil d'administration. Ce sont des capitalistes qui placent leur argent dans ces entreprises absolument privées, comme s'ils prêtaient à des particuliers à intérêts fixes sans dividende de plus-value résultant des progrès de l'exploitation. L'intérêt de l'argent placé est réparti de la main à la main. Il est clair que cette situation exceptionnelle laisse la porte ouverte à tous les tripotages possibles puisque les marchés pour les transports se font de gré à gré. L'ouverture du Canal de Panama ouvrant une voie nouvelle, tous ces tripotages disparaîtraient. On conçoit dès lors facilement que tous les

---

[1] En même temps que ce livre s'imprimait, l'Assemblée générale des actionnaires du Canal de Panama avait lieu ; on votait, par acclamation, les fonds demandés par Ferdinand de Lesseps pour achever son œuvre.

gros financiers qui exploitent les chemins de fer des Etats-Unis soient hostiles à l'œuvre de M. Ferdinand de Lesseps et qu'ils fassent tous leurs efforts pour l'empêcher d'aboutir.

En Amérique ce n'est pas comme en Allemagne. La question politique n'est pas la *dominante* des Américains. C'est l'argent qui domine tout et tout ce qui vient contrecarrer les intérêts des Yankee est l'ennemi sur lequel il faut tirer.

On s'explique alors que les Américains, au point de vue de l'intérêt, s'associent avec l'Allemagne au point de vue politique contre la France.

Cet antagonisme est absolument redoutable, mais n'est pas invincible et l'avenir nous le démontrera.

Un autre ennemi non moins redoutable, ce sont les Syndicats ; ce sont, suivant nous, des ennemis dangereux, car ils nuisent à la fois au Canal de Panama et à l'Épargne publique. Les Syndicats affolent l'épargne et rendent les émissions plus difficiles.

La main de l'Allemagne se fait tout particulièrement sentir dans ces syndicats.

Dans les dictionnaires financiers, on trouve la définition suivante du mot Syndicat : *Groupe intéressé*

*dans une valeur et qui s'occupe de son placement au*
*meilleur taux possible.*

Les Syndicats, dans ces dernières années, étaient composés de gros financiers réputés très experts en matière de spéculation, mais le public s'aperçut que cette soi-disant élite de la finance jouissait d'une réputation usurpée. D'ailleurs la haute banque commit bévue sur bévue ; elle ne comprit pas les transformations qui s'opéraient dans nos mœurs financières. Attardée dans les anciennes voies, elle s'imagina qu'il suffisait pour amasser des millions de faire des émissions à prime. Le métier était gâté pour la phalange d'aventuriers qui s'est abattue sur la Bourse de 1878 à 1882. La Haute Banque fut assez aveugle, pour ne pas voir que le public brûlerait, au lendemain du krach, ce qu'il avait adoré la veille. Elle continua naïvement à élever des autels au veau d'or dont la foule s'éloignait. De même que les dieux, les banquiers s'en vont. La Haute Banque se meurt.

Mais si les Syndicats, composés des hauts Barons de la finance, sont impuissants pour placer les titres des Sociétés, ils se sont retournés et se sont associés pour faire le mal, ébranler le marché et spéculer sur la ruine, comme jadis ils spéculaient sur la prospérité.

Les Syndicats vendent, pour amener la baisse, des titres qu'ils n'ont pas. C'est cette manœuvre qui a été la cause de la baisse inexplicable des obligations du Panama.

Un exemple :

Un rentier avait donné l'ordre, à son agent, d'acheter pour son compte cinq cents obligations des différents types, à la Compagnie du Canal de Panama, au cours moyen du jour. On avait tellement affirmé que ces titres étaient jetés par milliers sur le marché, qu'il ne doutait pas un seul instant de voir son ordre exécuté. Sa surprise fut grande, lorsqu'il apprit que soixante-cinq obligations seulement avaient pu être achetées et qu'il avait été matériellement impossible d'en trouver une seule de plus. Par quel phénomène étrange, ces obligations baissaient-elles de 30 francs, ce qui signifiait que le titre abondait, tandis qu'au contraire l'acheteur, qui les prenait au cours coté, parvenait à grand'peine à trouver, sur tout le marché, un peu plus de soixante obligations.

Ce phénomène, si étrange qu'il paraisse, est la preuve absolue des agissements souterrains du groupe allemand, agissant sous le couvert de la Société belge dont nous parlons plus haut. Certaines maisons de Paris ne craignent pas de se mettre à la remorque de ce Syndicat et de profiter de la spéculation à la baisse.

Pendant cette période de spéculation à la baisse, ces maisons borgnes sollicitaient les porteurs du Panama par des annonces alléchantes publiées par la plupart des grands journaux. En voici une qui mérite de passer à la postérité :

**300 fr. de RENTE AVEC 1.000 fr. en TITRES ou EN ESPECES**
**3.000 fr. de RENTE AVEC 10.000 fr. ACTIONS PANAMA admises pour 400 fr.**

L'opération est simple comme bonjour. Le rentier, séduit par le moyen facile qu'on lui propose de ganer de l'argent, dépose ses actions. Le banquier joue à la Bourse. Il vend, je suppose, mille titres à terme et dit à ses déposants :

— N'ayez aucune crainte, on vous rendra vos titres.

C'est en réalité des *titres en location.* On comprend, dès lors, la panique qui s'empare des rentiers, lorsqu'ils apprennent que d'effroyables quantités de titres sont ainsi vendues.

Si par hasard, le banquier vendeur est forcé de livrer les titres, si au contraire de la baisse la hausse survient, il publie de nouvelles annonces, plus alléchantes encore, pour obtenir du public des dépôts de titres, mais dans ce cas les déposants courent grand risque de ne revoir ni titres, ni argent.

Si l'opération à la baisse réussit, le banquier empoche le bénéfice, renvoie les titres au client en leur disant :

— Nous n'avons pu suivre.

Il y a des acharnés après le Panama, un surtout, un nommé Ménier (Anacharsis) qui écrivit jadis au *Courrier français* sous le pseudonyme de Méhut. J'ignore s'il opère pour son compte personnel ou si quelques liens mystérieux l'attachent au syndicat allemand, mais il est utile de dire à ceux qui pourraient s'arrêter un instant à écouter les boniments qu'il débite, dans la feuille qu'il a carrément intitulée le *Panama*, ce que vaut ce personnage :

1° Consultez la *Gazette des Tribunaux* du 16 mai 1872.

2° *La Gazette des Tribunaux* du 2 août 1873.

7

3° Londres 1876, tribunal de police de Bow-Street.

4° Londres 1876, affaire de M^me Weldon devant M. Flowers, juge.

5° Londres, tribunal de Malboroug-Street.

6° 11^e chambre corrrectionnelle, Paris, 9 août et 10 octobre 1877.

Et les lecteurs seront édifiés.

Il y aurait d'autres procédés de chantages à signaler, mais s'ils varient quant aux moyens, tous ont le même mobile : *Compagnie, payez.*

En même temps que le Syndicat allemand agissait sur le Panama, un autre allemand essayait d'amener un nouveau Krach, lequel n'a pu être conjuré que grâce à la généreuse intervention d'un Français.

L'Allemand Kastelbach vendait à découvert, luttant désespérément contre un groupe composé de notabilités financières des plus honorables. Le coup a manqué, mais s'il avait réussi, à qui le désastre financier aurait-il pu être imputé ?

Sans hésiter, on peut répondre, au marché de la coulisse ; parce que la coulisse n'aurait jamais dû consentir un crédit aussi considérable au spéculateur allemand Kastelbach.

La coulisse n'est pas maîtresse du marché de Paris.

Voilà la raison.

Sa faiblesse vient de ce qu'elle s'est laissé envahir par l'élément allemand, qui avec l'audace propre à sa race domine le marché, l'exploite, le rançonne et accapare les profits qui devraient être exclusivement consacrés aux intérêts français.

Sur les quatre-vingt dix coulissiers formant le marché de Paris, plus d'un TIERS est composé d'Allemands ! !

Donc demain, ce qui s'est passé pour le Panama, pour les mines de Rio-Tinto, pourra se passer pour une valeur que nous aurions intérêt à ne pas voir crouler, mais qu'il serait de l'intérêt de l'Allemagne de sacrifier.

Jeter ce cri d'alarme n'est pas du chauvinisme ! C'est de la prévoyance et du patriotisme !

# VII



Midi.

A cette heure les cloches de l'Eglise Notre-Dame
des Victoires sonnent à toute volée. C'est l'Angelus.
Elles appellent les fidèles pour la prière commune.

Quelques minutes plus tard, la cloche du Temple grec appelle les boursiers pour sacrifier au veau d'or ; c'est leur manière de prier !

Etrange contraste.

Les Chrétiens se recueillent pour glorifier celui qui a dit : « aidez-vous les uns les autres ; » les Juifs se recueillent pour dire : « volez-vous les uns aux autres ; voler un chrétien, c'est gagner le ciel ! »

Dès que la cloche a sonné, l'intérieur de la Bourse s'emplit peu à peu. Les agents de change arrivent à la *corbeille*, sorte de rond, garni d'une balustrade pour éloigner les profanes. Ils tournent, se démènent comme les fauves dans la cage à Bidel. On entend des cris assourdissants, des rugissements, des mots sans suite, incompréhensibles pour ceux qui ne sont pas initiés. Dans les bas côtés de la *corbeille* les commis, un par agent, sont enfermés dans la guitare. Entre les colonnes intérieures se tiennent les *coulissiers*. Voici l'origine de cette expression, qui date du temps de la Restauration.

Pour se rendre au *parquet*, les agents de change avaient à passer entre une double clôture en bois formant allée et qui était mobile sur coulisse. Forcément ils rencontraient sur leur passage des spéculateurs qui, accoudés sur la balustrade, leur apportaient moyennant un rabais sur les courtages des affaires toutes faites.

Ces clients ordinaires furent baptisés : *coulissiers* par allusion à la *coulisse* sur laquelle ils s'appuyaient.

Ce groupe s'appela le *coulisse*, et, depuis, ce qui n'était d'abord qu'un sobriquet inoffensif est devenu la dénomination consacrée. Peu à peu ils groupèrent autour d'eux des clientèles de spéculateurs dont ils devenaient les intermédiaires.

Avant que les *coulissiers* ne fussent tolérés par les agents de change, ils opéraient partout où ils pouvaient, le matin et le soir chez Tortoni, ou sur les boulevards, dans la journée en Bourse. Quant ils étaient chassés d'un point, ils se réunissaient sur un autre.

Aujourd'hui ils ont droit de cité.

Dans l'intérieur de la Bourse et sous le péristyle, les représentants des grands Banquiers et de nos Institutions de Crédit ont adopté une place. On y voit donc sous le péristyle MM. Raphael, Güzel, Colassa, Cahen d'Anvers, Allery, Escuyer, Kurchberg frères,

Yvo Bosch et Hermann Lazard, le Mécène des artistes, un banquier israélite qui n'est pas juif ! ! !

Au centre. le groupe des coulissiers pour les valeurs italiennes.

Sur la droite, en entrant par la rue Vivienne : MM. Sourdis, Otto Ulhmann, Grunebaum frères, Singer, S. Stern, Goldsmidt, Ellisen, Weissweiller, la *Banque Egyptienne*, le *Crédit Lyonnais*, Kahn, Porgès, la *Banque de Paris*, la *Banque Parisienne*, la *Société Générale*, le *Crédit Industriel*, et Alphonse Lion.

Au centre MM. Ephrussi, Machiels, Amschel, Camondo, Kohn-Reinach, Veil-Picart, Hoskier, etc.

Ces places sont exactes dans les temps calmes, mais que la plus petite nouvelle, vraie ou fausse, de nature à influencer la Bourse et à provoquer un mouvement de hausse ou de baisse, soit répandue, aussitôt, tous les boursiers, gros ou petits, quittent leurs places et se rapprochent de la *corbeille*, pour saisir au passage la confirmation ou la négation des bruits en circulation.

On comprend qu'ils se déplacent souvent, car l'intérieur de la Bourse est une vaste mare, où les canards barbottent à leur aise et prennent leur vol au moins dix fois par jour.

L'empereur d'Allemagne a été enterré cent fois avant son dernier soupir.

Le Kronprinz mourait quatre ou cinq fois par jour ces dernières semaines.

Qu'importe la valeur de la nouvelle, l'important est d'avoir un prétexte à jouer, et surtout de ne pas se laisser prendre ?

Il est, je crois, nécessaire de donner ici un aperçu du langage employé à la Bourse pour les diverses opérations qui s'y font journellement.

*Abandonner.* — Ce mot se dit pour qualifier une opération traitée à découvert et qui est annulée par l'acheteur en *abandonnant* une prime fixée à l'avance ; cette prime varie de 10 centimes à 10 francs.

*Actions.* — Titre de propriété au porteur ou nominatif suivant les statuts de la société.

*Actions de jouissances.* — Ces actions sont cotées en bourse, mais ne se négocient pas facilement. Elles tirent leur nom de ce qu'elles remplacent les *actions* remboursées par voie de tirage au sort.

7*

*Agio.* — Différence entre la valeur nominale et la valeur réelle des monnaies ; ainsi 1,000 francs en or valent, 1,002 ou 1,003 francs, quelquefois plus, suivant les cours payables en argent.

Le terme *agio* est également employé pour la négociation des effets de commerce, et indique ce que coûte *l'escompte* en dehors de *l'intérêt légal.*

*Agiotage.* — Indique la spéculation sur les cours des fonds ; c'est aussi un terme employé pour désigner *l'agioteur* qui cherche par tous les moyens mêmes les plus malhonnêtes à impressionner les cours pour bénéficier des différences.

Il existe des *agioteurs* célèbres qui ont tour à tour sombré et du jour au lendemain sont redevenus riches.

*Aléa.* — Se dit d'une entreprise qui peut par un événement imprévu présenter un caractère *aléatoire.*

*Aliéner.* — Renoncer à ses droits sur son capital par suite d'un emprunt.

*Amortissement.* — Extinction, ou remboursement d'un capital.

*Arbitrage.* — Opération qui consiste à vendre une valeur de son portefeuille et à lui substituer un autre titre donnant le même revenu, coté moins cher ou coté le même prix, mais plus avantageux au point de vue de la sécurité ou des chances d'amortissement.

*L'arbitrage* consiste aussi dans les opérations traitées par les banquiers qui profitent de la différence des changes d'une place à l'autre, pour acheter ou vendre du papier d'une place étrangère suivant les cours pratiques.

*Consolidés*. — Fonds d'état dont la date de remboursement n'est pas fixée et dont on ne paye que les intérêts.

*Cours moyen*. — Terme moyen entre le plus haut et le plus bas prix coté sur une valeur dans une bourse.

La *délégation* est une autorisation donnée à quelqu'un par acte sous seing privé ou notarié pour toucher une somme due.

Se dit aussi d'une pièce qu'échangent les agents de change entre eux, pour compenser sans mouvements de fonds les titres qu'un client, par exemple, peut attendre de l'un d'eux et qu'il doit à un de leurs collègues à la même liquidation.

Le *détachement* est l'expression employée pour indiquer qu'un coupon étant mis en payement, l'acheteur postérieur du titre n'y aura plus aucun droit.

Le coupon des rentes se détache en Bourse quinze jours avant l'époque de son échéance.

A partir de ce moment, les opérations sont faites ex-coupon ; au contraire, les coupons des autres valeurs négociables à terme, sont détachées le cinquième jour de la liquidation ou de l'échéance afin de laisser le temps de liquider les opérations engagées dans le mois précédent avec droit au coupon.

Le *dividende* est la part de bénéfices revenant aux actionnaires.

Les agents de change sont des officiers ministériels nommés par décret du Président de la République sur la proposition de la Chambre syndicale des agents de change. Leurs fonctions consistent à faire exclusivement les négociations d'effets publics. L'agent de change fournit un cautionnement qui varie suivant la ville où il exerce. A Paris le cautionnement est de 250,000 francs et le nombre des agents fixé à soixante (lois du 28 avril 1816 et décret de 1862). Il est interdit aux agents de change de faire des affaires pour leur propre compte ; ils ne peuvent faire faillite. La Chambre syndicale n'est pas responsable des opérations traitées par eux, mais en cas de désastres elle intervient toujours pour maintenir le crédit de la corporation. L'agent de change est tenu au secret professionnel : il ne doit jamais révéler les noms de ses clients, ni les opérations dont il est chargé.

Les agents de change en 1720 étaient déjà soixante. Jusqu'en 1816, leur cautionnement n'était que de 100,000 francs. L'Etat servait 5 0/0 d'intérêt à ce capital ; par la loi de 1816 le Trésor éleva ce cautionnement à 125,000 fr.

Ce cautionnement est affecté par premier privilège aux créanciers envers qui la responsabilité a été encourue. Les créanciers ont aussi premier privilège sur le prix de la charge, s'il est nécessaire de la vendre pour couvrir le déficit.

La loi dit : « les agents de change ne peuvent faire faillite ». M. Coffinières écrivait à ce sujet, il y a quelques années :

Sur 121 individus inscrits au tableau des agents de change depuis vingt-deux ans, *quatre* se sont suicidés de désespoir de ne pouvoir remplir leurs engagements, *soixante et un* ont fait faillite en faisant éprouver une perte considérable à leurs créanciers où ont abandonné leur état, étant à peu près ruinés, ou du moins avec un avoir moindre que celui qu'ils avaient apporté.

Les charges sont d'ordinaire exploitées avec les fonds d'une commandite, ce qui n'est pas sans inconvénient, car M. Ménriclet qui connaissait à fond sa Bourse nous dit ceci :

Autour de l'agent gravitent toujours cinq ou six associés commanditaires, dont plusieurs n'ont acheté leur fraction de charge que dans l'intention de jouir avec plus de sécurité et *surtout d'être initiés aux grandes opérations de la place.*

Alors, que devient le fameux secret professionnel ?

Sous la Restauration les charges d'agents de change à Paris valaient de 3 à 400,000 fr.

A la fin du règne de Louis-Philippe, lequel avait convoqué la bourgeoisie aux agapes de la Bourse en leur disant par la bouche de Guizot : « enrichissez-vous, » les charges d'agents de change valurent 950,000 francs.

Sous l'Empire, elles atteignirent le chiffre de deux millions cinq cent mille francs.

Le bénéfice des soixante agents de change s'élève,

annuellement en moyenne, au chiffre de quatre-vingt millions, c'est le droit de *courtage*.

Le *courtage* est le droit perçu par les agents de change pour leur commission. Droit de un quart pour cent, 0,25 pour cent francs.

Tous effets dont la négociation est faite en vertu de pièces contentieuses, d'un jugement, d'une délibération de conseil de famille, ou d'un acte authentique prescrivant un *remploi*,— toute pièce autre qu'une simple procuration est réputée pièce contentieuse, — sont passibles d'un droit de 1/8 pour cent francs, soit 12 c. 1/2 pour cent francs.

Rentes françaises (au comptant), Bons du Trésor, fonds publics étrangers (au comptant), Emprunts des départements, villes ou établissements publics, actions et obligations des chemins de fer français (au comptant et à terme) et étrangers (au comptant) et généralement toutes les actions et obligations, le droit est dû en outre pour toute certification de signatures donnée par les agents de change lorsqu'elles ne se rapportent directement ni à un achat ni à une vente. Pour les titres d'une valeur moindre de cent francs le courtage est compté à raison de 0,25 par titre — de

100 fr. à 400 fr. et est de o fr. 50 par titre — droit de 1 fr. 10 pour cent francs (10 centimes pour un franc).

Toutes les valeurs se négociant à terme sont soumises à la liquidation du 1er et du 15 de chaque mois.

*Minimum de chaque négociation.* — Pour toute négociation dont le courtage serait inférieur à 1 fr., le *minimum* du courtage est de 1 fr. La perception du courtage a lieu en prenant pour base le cours coté ; ainsi pour les titres non libérés le courtage se calcule comme si tout était payé.

*Minimum du courtage à terme.* Pour les opérations à termes sur les rentes françaises, courtage fixe de 20 fr. par 1,500 fr. de rente 3 o/o, et 2,250 fr. de rente 4 1/2 p. o/o ; 25 fr. par 2,500 fr. de rente 5 p. o/o et successivement dans la même proportion.

Pour toute valeur négociée à terme, qu'elle se liquide une ou deux fois par mois, le *minimum* de courtage est de 50 centimes par action ou obligation.

Sur le marché libre, le courtage ci-dessus est réduit de 50 p. o/o et souvent davantage. Les affaires à termes se traitent à demi-courtage et même *franco*. La compensation de ce sacrifice est demandée, en ce cas, aux cours pratiques.

L'agent de change doit livrer les titres achetés dans les cinq jours qui suivent l'achat, mais l'usage veut qu'en raison des nécessités mutuelles des livraisons de client à agent et d'agent à agent un délai soit accordé, surtout lorsqu'il s'agit de titres de rentes au porteur ou nominatives ; car les agents négociant entre eux des titres en *nominatif* doivent procéder pour les livraisons à certaines formalités qui demandent une huitaine de jours. Toutefois l'usage a admis que la livraison doit avoir lieu dans les huit jours qui suivent l'avis de l'achat. Lorsque ce délai n'est pas observé, l'acheteur peut adresser à son agent, et par lettre chargée, une mise en demeure d'avoir à lui livrer ces titres dans un délai de 48 heures. Au cas où cette mise en demeure resterait infructueuse, l'acheteur est en droit de faire acheter de nouveau, aux frais de l'agent de change qui lui doit les titres. Dans ce cas il est nécessaire que ce rachat soit affiché à la Bourse pendant deux jours, et c'est généralement le Syndic des agents de change ou l'adjoint de service qui est chargé de ce soin.

La Chambre syndicale prélève un droit de double timbre.

Les ventes sont réglées immédiatement, mais il est très rare que l'acheteur tienne à la livraison immédiate, surtout en ce qui concerne les titres nominatifs qui exigent des formalités de transfert. L'observation stricte des délais d'usage n'a lieu que pour les titres appelés à concourir immédiatement à un tirage ou donnant un droit de préférence, ou à un avantage quelconque dans une souscription. Les titres doivent alors être remis à l'acheteur, avant l'heure fixée pour le tirage ou avant le dernier jour de la souscription s'ils ont été achetés dans les délais voulus, c'est-à-dire si cinq jours de Bourse se sont écoulés entre la date de l'achat et la date du tirage. Lorsqu'il s'agit de titres nominatifs, ce délai est porté de cinq jours à sept jours.

Toutefois pour faciliter les transactions, il est permis de traiter durant cet intervalle suivant conventions particulières, *en livrables*.

Lorsqu'un achat a été fait dans les délais voulus pour participer à un tirage, il peut se faire que l'agent de change se trouve dans l'impossibilité de livrer avant l'heure du tirage. Alors l'acheteur a droit à une indemnité fixée par la Chambre syndicale, laquelle varie de 0 fr. 50 à 5 fr. par titre.

Les ventes et achats donnent lieu à des opérations multiples qu'il comporte de connaître et de préciser.

*Dont* — dont 1 franc, dont 50 centimes.

Ce terme est employé dans une opération de Bourse à terme qui consiste à acheter ou vendre une valeur qu'on ne possède pas et qu'on pourrait se dispenser de *lever* ou de *livrer* moyennant le payement d'une prime de 1 franc ou de 50 centimes par 5 francs de rente.

Ces sommes destinées à profiter au vendeur délaissé s'appellent *primes dont* un franc, *dont* 50 centimes, *dont* 25 centimes etc., etc.

Ces *primes* se cotent en Bourse et elles s'incrivent à la suite d'un trait vertical qui les sépare du prix auquel le marché a été provisoirement conclu.

Ainsi, un achat de 3,000 francs de rente, fait au cours de 82 francs 50, est résiliable, moyennant 25 centimes par 3 francs de rente ou 250 francs.

La *prime* est la plus-value d'un titre sur son prix d'émission. On appelle aussi *prime* le *maximum* de la perte qu'on peut faire dans une opération. Les ventes et achats à *primes* engagent le vendeur sans engager l'acheteur au-delà du montant de la *prime*.

Si l'on achète une *prime dont* un franc sur 3,000 de rente, on n'expose que un franc par 3 francs de rente, c'est-à-dire 10,000 francs pour les 3,000 francs, si on achète *dont* 50 centimes, c'est 500 francs que l'on risque, et ainsi de suite ; mais, par ce seul fait que l'acheteur limite sa perte, il s'ensuit qu'il achète à un cours supérieur au prix coté. Dès lors *l'écart* entre ce prix coté appelé *ferme* et celui de la *prime* est d'autant plus grand que la *prime* achetée est meilleur marché ; ce même *écart* se détend au fur et à mesure qu'on approche du terme de la liquidation.

*L'écart* est la différence en plus ou en moins obtenue entre le prix d'achat et le prix de vente. On applique encore plus spécialement ce mot à la désignation des différences de prix existant entre les cours *termes* et les cours des *primes*. Ainsi l'on dit que la *prime* de 50 centimes se traite à 30 centimes *d'écart* lorsque le *ferme* se traite à 82 francs 30 par exemple, en même temps que les *primes dont* 50 centimes valent 82 francs 60 centimes.

La *réponse des primes* se fait au jour de la liquidation. L'acheteur de *primes* déclare s'il entend oui ou non prendre livraison des titres qui lui ont été vendus. Ainsi un acheteur qui se serait fait vendre 3,000 de rentes à 82 francs 50 /25 réalisera son marché, le jour de la réponse si le cours de la rente dépasse 82 fr. 25, attendu qu'en délaissant son vendeur aurait 250 francs à abandonner (25 c. par 3 fr. de rente) somme supérieure à celle qu'il perdrait en se liquidant au-dessus de 82 fr. 25, soit avec un écart n'atteignant pas le montant de sa *prime*. Il n'entre pas dans les usages de la Bourse de consulter l'acheteur pour connaître sa réponse, laquelle est considérée d'office affirmative ou négative, selon que le maintien ou l'annulation du marché lui sont favorables.

L'acheteur à *terme* doit régler aux époques de la liquidation, mais il peut se faire *reporter* et maintenir sa position plusieurs mois consécutifs. S'il croit à un mouvement de hausse, il s'adresse à un capitaliste (il y a des maisons spéciales pour ce genre d'opérations) qui, moyennant un prix débattu, et qui varie suivant les besoins de la place, vient à son aide à chaque liquidation en prenant livraison des titres à son lieu et place. Lorsque la cote indique 0,05 de *report* sur le

3 0/0, l'acheteur qui se fait *reporter* doit payer 0, 05 c par 3 fr de rente, pour 3,000 fr. de rente 1,000 fois 0, 05, soit 50 fr., pour 1,500 fr., de 3, 0/0 et paierait dans le même cas 500 fois 0, 05, soit 25 fr.

Pour les actions où un *report* de 2, 50 est indiqué, chaque titre donne lieu à un paiement de 2 fr. 50 c. pour l'acheteur qui se fait *reporter* : ainsi un *report* de 2 fr. 50 c. sur le Crédit foncier signifie que l'acheteur qui se fait *reporter* paie 2 fr. 50 c. par action, soit 62 fr. 50 c. par 25 titres et ainsi de suite.

Le *cours de compensation* est le cours de 2 heures le jour de la liquidation, et qui sert de base à la liquidation des opérations entre agents de change et entre clients pour la compensation des affaires faites à la fois chez plusieurs agents. La *compensation* ne donne pas lieu à courtage. C'est sur le cours de *compensation* que sont effectuées la plupart des *reports*.

La vente au *comptant* indique les titres qui doivent être aux termes du dernier règlement de la Chambre syndicale, livrés par le vendeur à l'agent de change en donnant l'ordre de la vente.

Pour un achat, les fonds doivent être versés en donnant l'ordre.

La *couverture* est une provision en titres ou en espèces déposée par le client chez l'agent de change pour le garantir contre les risques de l'opération. L'agent de change ne délivre pas de reçu de ces titres ou de ces sommes.

Le *déport* est l'indemnité payée à l'acheteur par le vendeur à découvert, lorsque, le titre étant rare, il préfère renvoyer le règlement de son opération à la liquidation suivante.

Il y a *déport* sur une valeur lorsqu'elle vaut moins cher à terme qu'au comptant. Les opérations sur le *déport* ne sont, à vrai dire, qu'un prêt de titres contre la valeur sonnante des mêmes titres augmentés du prix du *déport*. Ce prêt prend la forme d'une vente au comptant et d'un rachat à terme consenti à un prix moins élevé.

La *liquidation* est le jour fixé pour arrêter les comptes des opérations à *terme* engagées à la Bourse pendant la quinzaine ou pendant le mois.

Pour être liquidé, le spéculateur doit niveler ses achats et ses ventes, de sorte que les mêmes quantités qu'il a à fournir il les ait à recevoir. Il a alors à effectuer soit l'encaissement, soit le paiement des *différen-*

*ces* ressortant entre les sommes qu'il aurait à débourser et celles qu'il aurait à encaisser.

A Paris les quinze et dernier jour du mois a lieu la *réponse des Primes* ; ce sont les cours cotés à une heure et demie qui servent de guide aux agents de change pour l'abandon de la *levée* des *primes*.

Les *primes levées* deviennent des marchés *fermes*.

Les *primes* abandonnées sont portées au crédit des vendeurs et au débit des acheteurs ; de sorte que suivant que les cours sont en hausse ou en baisse, la place se trouve plus ou moins chargée ou liquidée.

On voit l'importance de la *réponse des primes*.

La liquidation s'effectue en plusieurs jours ; la liquidation de quinzaine a lieu le 16 de chaque mois ; quant aux *petites primes* qui se font en coulisse sur les fonds publics d'une Bourse à une autre, la réponse a lieu tous les jours à deux heures.

Le lendemain de la *réponse des primes* on liquide toutes les affaires qui ont été engagées pendant la quinzaine, et ce n'est seulement que deux jours après que les débiteurs sont tenus de payer.

Le jour suivant, ce sont les créditeurs qui reçoivent.

La liquidation de fin de mois dure un jour de plus

qui est entièrement consacré à liquider les affaires qui ont été engagées sur les rentes françaises.

Voici comment s'établit la liquidation de fin de mois:

Le dernier jour du mois — réponse des primes.

Le 1er jour du mois suivant, — liquidation des rentes.

Le 2e jour du mois, — liquidation des autres valeurs.

Le 3e jour du mois, — remise des comptes.

Le 4e jour du mois, — les débiteurs paient.

Le 5e jour du mois, — les créditeurs reçoivent.

A Lyon, on liquide le 2 les rentes et les valeurs; le 17 on liquide les valeurs soumises à la double liquidation.

La *réponse des primes* se fait le lendemain du jour où elles ont eu lieu à Paris. Les *primes* sur les trois rentes françaises se font le 16 et le 1er, mais on ne règle celles du 16 qu'avec celles du 1er du mois suivant.

Des compensations sont échangées entre les parquets de Paris et de Lyon.

A Bordeaux, la *réponse des primes* a lieu le 1er et 16

de chaque mois, la liquidation, le 2 et le 17; les paiements et livraisons le 4 et le 19.

A Marseille, la *réponse des primes* a lieu le 1er et le 16 de chaque mois, la liquidation le 3 et le 18, les paiements et livraisons le 4 et le 19.

A Londres, la liquidation a également lieu deux fois par mois, en trois jours chaque fois ; la liquidation des Consolidés a lieu le 3 ou le 4, et les valeurs le lendemain.

A Vienne, les opérations se liquident le lundi, le mardi et le vendredi.

A Florence, Milan, Naples et Rome, il y a deux liquidations par mois.

A Genève, Turin, Trieste, Odessa, Berlin et Hambourg, on liquide à la fin du mois.

A Constantinople et Francfort, deux liquidations par mois.

A Alexandrie, Barcelone, Rotterdam, Amsterdam, Saint-Pétersbourg et New-York, il n'y a pas de liquidation fixe. Les affaires se font au comptant avec faculté de report au lendemain ou à terme, en stipulant l'époque à laquelle la livraison sera effectuée.

A Bruxelles, les liquidations sont fixées au 15 et 31 de chaque mois.

A Madrid, la liquidation s'effectue le 30.

J'ai expliqué plus haut d'où vient l'expression : *Coulissier*.

En 1859, le Syndicat des agents de change fit un procès aux coulissiers pour concurrence illégale. Ils disparurent, mais cette suppression faisait un vide immense sur le marché. Un décret du 13 octobre 1859 autorisa chaque agent de change à s'adjoindre un ou deux commis pour combler le vide laissé par la coulisse, mais cette mesure n'eut aucun effet : il fallut tolérer à nouveau les coulissiers.

Ils se subdivisent en trois groupes :

1º La coulisse de la rente qui négocie exclusivement les rentes sur l'Etat.

2º La coulisse des valeurs qui négocie, le plus souvent à terme, les valeurs que le parquet néglige.

3º La coulisse des petites valeurs qui ne traite qu'au comptant les valeurs exclues par les deux premiers marchés.

Les deux premières coulisses ne sont pas des corporations fermées. Elles sont organisées sous le patronage d'une Chambre disciplinaire élue.

La coulisse de la rente opère aujourd'hui exactement comme le parquet. Il n'en était pas de même, il y a peu de temps encore. La coulisse de la rente opérait sans livrer jamais, sans jamais lever de titres. Le jour de la liquidation, la négociation se terminait au cours moyen du jour par une différence laissée de part et d'autre. Pour enrayer ce mal, il fallut rattacher la coulisse au Parquet. C'est ce qui fut fait. Le Parquet consentit à accueillir les compensations de la coulisse et à y satisfaire. Ainsi, lorsqu'il y a lieu à livraison de titres, l'affaire est compensée par un agent de change.

Il existe *cent quarante maisons* de coulisse-rente et *quatre-vingt seize maisons* de coulisse-valeurs.

Cet accord entre la coulisse et le Parquet a ceci de bon qu'il donne confiance aux spéculateurs et pare à bien des désastres, car la Bourse est impressionnable et essentiellement nerveuse.

Pour me borner à un fait, je vais citer des chiffres. Lorsqu'au commencement de 1887, M. de Bismarck fit un discours belliqueux, voici quelle fut la perte subie par l'Epargne française.

*Du 14 janvier au 4 février 1887.*

Perte environ.

| | | |
|---|---|---|
| 3 0/0 362 millions rentes. . . . . | 485 | millions |
| 3 0/0 amort. 122 mill. rentes . . . | 160 | » |
| 4 1/2 ancien, 37 millions rentes . . | 15 | » |
| 4 1/2 1883, 350 millions rentes. . . | 205 | » |
| 200,000 obl. Trésor 4 0/0. . . . . | 25 | » |
| 5 0/0 italien, 434 mil. rentes . . . | 650 | » |
| 3 0/0 italien, 6 mil. 1/2 rentes. . . | 12 | » |
| B. de France 182.000 actions. . . | 45 | » |
| Cr. foncier . 310.000 » | 38 | » |
| Nord . . . 525.000 » | 42 | » |
| P.-L.-M . . 800.000 » | 48 | » |
| Orléans . . 600.000 » | 30 | » |
| Midi . . . 250.000 » | 10 | » |
| Est . . . 584.000 » | 11 | » |
| Gaz . . . 336.000 » | 17 | » |

1. 793 millions

Il faut se hâter d'ajouter que peu de jours plus tard, les valeurs reprirent leur cours normal.

# VIII



La Bourse a ses célébrités comme le *Musée Grévin*
ou comme le *Musée Tussaud* : les uns comme origi-
naux, les autres comme ayant acquis une très grande

habileté dans la fabrication des chaussons de lisiè-
res.

Je vais prendre au hasard.


Jules David fut un des financiers les plus audacieux
de la nouvelle école.

Il avait du reste de qui tenir ; il était élève de Mirès, et avait si bien profité des leçons de son maître qu'il le dépassait de cent coudées.

David toucha à tout, mais le journal qui marquera
le plus dans les annales financières, fut le *Crédit National* qu'il créa en dernier lieu.

Il fut condamné un grand nombre de fois, pour
remboursement des obligations de la Ligne Internationale du Simplon 2.500.000 fr., octobre 1869
— pour refus de payer des prêteurs, février 1870
— pour diffamation, Eaux de Nîmes, mars 1870 —
pour refus de restitution de billets, Cour impériale de Paris, par la 9ᵉ chambre correctionnelle à
deux ans de prison, 10.000 fr. d'amende, novembre
1879.

S'il fallait énumérer toutes les condamnations de
J. David, on n'en finirait pas.

Poursuivi, arrêté, en prévention, il luttait contre ses actionnaires qui avaient déposé des plaintes, contre les magistrats chargés de le poursuivre, contre ses confrères, contre tout le monde en un mot.

De sa cellule, il avait l'audace d'écrire les lignes suivantes, qui parurent en tête de son journal :

« Sous le coup de l'émotion bien légitime que nous
« a causée l'intervention insolite et imprévue de la
« justice dans nos affaires ;

« En présence des interprétations malveillantes de
« la presse, interprétations qui ont pris un caractère
« odieux dans certains journaux, nous ne pouvons que
« protester avec indignation contre les accusations
« dont nous avons été l'objet ; nous ne pouvons que
« donner le démenti le plus formel et le plus catégo-
« rique à nos *calomniateurs*.

« Que nos clients se rassurent, la lumière se fera
« promptement et avec un éclat auquel ne s'attendent
« pas ceux qui l'ont provoquée.

« Rien ne restera dans l'ombre, rien, pas même les
« *complots* dont on aurait voulu nous rendre victi-
« mes. »

Il fut condamné. La lumière ne se fit pas, mais il fila prudemment en Belgique.

Son premier soin, à Bruxelles, fut de refonder dans cette ville la société J. David et C<sup>ie</sup>.

Il fit reparaître le *Crédit national* et lança une circulaire qu'il eut le toupet d'imprimer en première page.

Cette circulaire était adressée à tous les naufragés de l'ancien *Crédit national*. Elle les invitait à *recommencer* leurs opérations de participation, leur prouvant, — c'était un système, — que, lui, David, avait été victime des banquiers parisiens coalisés.

Si Balzac avait connu cette circulaire, il aurait considérablement augmenté son curieux personnage de *Mercadet*.

J. David était l'ennemi le plus acharné du comte Adrien de La Valette, une figure financière bien connue, à cause de l'affaire du Simplon. La Valette avait fait rendre gorge à J. David. Celui-ci ne pouvait lui pardonner. Pour se venger, il racontait partout que La Valette se nommait réellement Adrien Morhlon, qu'il était fils d'un cocher du Poitou, qu'il était venu à Paris pour fonder l'*Echo du Monde savant* et que ce journal ne réussissant pas, il avait créé l'*Assemblée nationale*. Pour cette création, disait David, Emmanuel, le frère de La Valette, avait fait vendre sa bibliothèque. La Valette, ajoutait David, signait ses articles, mais ils étaient rédigés par M. Linguet, secrétaire de la Présidence, pendant le règne de Louis-Philippe. La Valette vendit l'*Assemblée nationale* au groupe de la fusion représentée par M. Pastoret pour le comte de Chambord et par M. Génie pour le prince d'Orléans. Le prix fut fixé à 300.000 fr. La Valette alors fit des articles contre la fusion. On lui escompta sa situation de rédacteur en chef pour la bagatelle de 200.000 fr. Il demanda à continuer. M. Génie lui fit cette spirituelle réponse :

— Vous me proposeriez d'acheter votre paletot à la condition de garder un bouton, que je refuserais, parce que deux jours après vous vous promèneriez sur le boulevard avec le paletot.

Le pauvre La Valette, qui était le plus charmant homme du monde, malgré ses distractions proverbiales, souffrait cruellement des attaques de J. David, mais il n'osait rien dire, parce que chaque fois qu'il faisait mine de se rebifer, David écrivait dans son journal : « La Valette, souviens-toi de Drouillard ! »

C'était le croquemitaine dont le menaçait David.

J. David s'évada d'une façon bien singulière.

Il dirigeait alors l'*Union des actionnaires*, place Vendôme. Le baron Vincent était président du Conseil d'administration. J. David demanda au juge d'instruction de bien vouloir le faire conduire au siège de la Société et de convoquer pour ce jour-là le Conseil d'administration. Le juge y consentit. Le jour fixé, le Conseil réuni, des agents amenèrent J. David. Les bureaux de la Société étaient situés au rez-de-chaussée. Au moment où la discussion était des plus animées, J. David entr'ouvrit doucement la fenêtre, sauta sur la place et monta lestement dans la voiture du baron Vincent, qui stationnait à quelques pas de là. Il s'y installa confortablement, et fouette cocher. Quand on s'aperçut de sa disparition, il était loin.

Deux jours plus tard, il filait sur Londres par la gare de l'Ouest pendant que la police l'attendait à la gare du Nord.

Quant au baron Vincent, il dut prendre un fiacre pour retourner chez lui.

J. David présidait un jour une assemblée générale

d'actionnaires. Parmi ceux-ci, il y en avait un qui lui avait précédemment confié, pour une opération quelconque, quarante actions du chemin de fer de Lyon. Pendant la discussion, quelques actionnaires trouvèrent David embarrassé pour fournir les explications qui lui étaient demandées, ils le tinrent en défiance. L'homme aux quarante actions prit David à part et lui dit :

— Vous avez mes actions en caisse ; je voudrais les voir ?

Aussitôt David se mit à pleurer. C'était sa suprême ressource.

— Je vois, répondit-il, que j'ai perdu votre confiance.

Et il sanglota à attendrir les pierres.

— Il ne s'agit pas de pleurer, dit l'actionnaire, j'ai confiance en vous, mais montrez-moi les titres.

Pas de réponse, mais des larmes.

L'actionnaire ému, ajouta :

— Pour vous prouver que vous avez toujours ma confiance, montrez-les seulement à votre secrétaire, qu'il me donne sa parole d'honneur qu'il les a vus, cela me suffit.

— Bien, dit David qui pleurait toujours.

Il appela son secrétaire, qui était M. Maysonnade. Tous deux montèrent au cabinet de David où était son coffre-fort. Il l'ouvrit.

— Tu vois, lui dit-il, les actions.

— Non.

— Tiens, là, et il remuait un tas de papiers.

— Je vois bien des papiers, dit le secrétaire, mais pas d'actions.

Alors, David se laissa tomber dans un fauteuil, et se mit à sangloter de plus belle.

— Lui, lui aussi doute de moi, alors, je suis perdu !

Ce n'était pas lui qui était perdu, c'étaient les actions.

Sous le péristyle, à gauche, se tient le père *Franco* comme on l'appelle familièrement. Son nom lui vient de ce qu'il veut faire ses affaires sans payer de courtage, et qu'il répète toujours :

— Franco, n'est-ce pas ?

C'est un type des plus cocasses, figure de casse-noisette, exactement un bonhomme en bois de Nuremberg, qui a l'air d'être articulé. C'est un ancien représentant de Rothschild en Amérique, mais à ce qu'il paraît, dit la chronique, il faisait trop d'affaires pour son compte, et en boursier habile, il tirait à lui toute la *couverture*. M. Rothschild qui n'aime pas être à *découvert*, la trouva mauvaise et il pria papa *Franco* de vouloir bien travailler pour son compte.

C'est un israélite de la plus belle eau, avare à rendre des points à Harpagon, quoi qu'il soit plusieurs fois millionnaire. On dit qu'il couperait volontiers un liard en quatre.

C'est lui qui, un jour, fit cadeau d'un de ses vieux chapeaux à son concierge. Ce dernier le fit retaper.

Papa Franco, en sortant un matin, vit son portier avec un chapeau neuf.

— Ah ! père Joseph, lui dit-il, vous avez là un beau chapeau.

— Mais c'est celui que vous m'avez donné, dit le concierge.

— Pas possible ?

— Si, cela m'a coûté dix sous pour lui faire donner un coup de fer.

Alors sans s'émouvoir, père Franco tira généreusement dix sous de sa poche, les donna au concierge et reprit son chapeau.

Ce n'est pas une histoire de brigand que je vous raconte, quoiqu'elle commence comme un conte de fée, elle est des plus authentiques et pourrait s'intituler : *manière de voler cin cinquante mille francs en un quart d'heure à un agent de change.*

Cette histoire nous prouvera que don Carlos, en arrêtant les diligences, ne connaissait pas l'air de la finance moderne. La manière d'opérer est plus grandiose et beaucoup moins dangereuse.

Messieurs Blanc-Larivière étaient établis banquiers Chaussée-d'Antin. Ils avaient en dépôt mille actions, et mille obligations de la Banque des Chemins de fer départementaux, sur lesquelles ils avaient avancé 50 o/o du cours coté en Bourse, soit environ *cent cinquante mille francs.*

Gênés qu'ils étaient dans leurs affaires, ils repassèrent l'opération à M. Chéron de Villiers, directeur de la *Banque Catholique*, 1 rue des Saints-Pères, qui pas plus que MM. Blanc-Larivière n'avait le droit de se dessaisir des titres qui lui étaient confiés, parce que c'était un dépôt.

M. Chéron de Villiers, encore plus gêné que MM. Blanc-Larivière, résolut pour relever sa Banque et son crédit de *bazarder* le dépôt. Il s'adressa pour cette peu honnête opération, à une maison alors bien connue en Bourse, la maison F... et de J..., qui acheta ces titres au prix du remboursement du dépôt, c'est-à-dire environ 50 0/0 de leur valeur.

Ces Messieurs n'ignoraient nullement la provenance des titres et savaient pertinemment que M. Chéron de Villiers, pas plus que MM. Blanc-Larivière, n'avaient le droit de se dessaisir d'un dépôt qui ne leur appartenait pas. Voici donc ce qu'ils imaginèrent.

Ils dirent à M. Chéron de Villiers :

— Nous ne pouvons vous acheter vos titres qu'au cours coté — 1° parce que nous en déprécierions la valeur, si nous agissions autrement, et 2° parceque pour la passation régulière de nos écritures, nous avons besoin d'un bordereau en règle. Connaissez-vous un agent de change ?

— Oui ! Monsieur Moreau, le Syndic, est mon camarade d'enfance.

— Eh bien ! voici ce que nous allons faire. Après la bourse, nous allons prendre une voiture et emporter les titres, et vous direz à M. Moreau que, ce matin, pour compléter votre échéance d'hier, nous vous avons avancé *cent cinquante mille francs*, et, ensuite vous prierez M. Moreau de nous remettre les titres contre le paiement de la soulte et la remise de son bordereau.

Ce qui fut dit fut fait.

Quelques temps plus tard, la Compagnie de la *Banque des Chemins de fer départementaux*, réclama ses titres au Syndic de la faillite Blanc-Larivière, qui lui-même les réclama au Syndic de la *Banque Catholique* également tombée en faillite. Naturellement, les titres furent introuvables chez l'un comme chez les autres.

Mais le Syndic de Chéron de Villiers trouva dans le bureau de ce dernier une lettre de M. Moreau l'avisant que de son ordre et pour son compte, il avait vendu, tel jour, mille actions et mille obligations de la *Banque des Chemins de fer départementaux*.

Muni de ce précieux renseignement, le Syndic de la faillite Chéron de Villiers, se rendit chez *celui* des agents de change et lui tint ce langage :

— Entre Syndics, nous nous devons la vérité. Vous

souvenez-vous d'avoir fait une opération pour M. Chéron de Villiers ?

— Parfaitement, répondit M. Moreau.

— Oh ! bien ! mon cher collègue, j'ai le regret de vous informer que vous avez été volé comme dans un bois. Ces titres n'appartenant pas à votre client, mais bien à la *Banque des Chemins de fer départementaux*, je viens donc vous prier, de me restituer ces titres contre la somme de *cent cinquante mille francs* que je tiens à votre disposition, ou de me payer la différence qui, d'après votre lettre d'avis que voici, se monte à peu près à la même somme.

M. Moreau, abasourdi par une telle tuile, préféra payer que de plaider, mais M. Chéron de Villiers, déjà arrêté, fut condamné à cinq ans de réclusion pour abus de dépôt.

Moralité, défiez-vous des camarades d'enfance, surtout lorsqu'ils sont boursiers !

Autre histoire de deux types bien connus à la Bourse.

Il était une fois deux cousins issus de germain et

qui s'appelaient tous deux L... Ils appartenaient à une famille très connue dans le monde du change et du sport. Ils résolurent de s'offrir un petit krach personnel et voilà comment ils s'y prirent :

Possesseurs d'une somme d'environ quatre cent mille francs, ils se la partagèrent, et, en versèrent chacun la moitié comme *couverture*, à différents agents de changes. L'un se mit à jouer à la hausse, l'autre à la baisse. Quelques que fussent les différences, elles étaient régulièrement payées. Ces Messieurs ne perdaient que le courtage. Une opération compensait généralement l'autre.

Cette exactitude leur attira une confiance illimitée sur la place.

Après la guerre de 1866, à la conclusion de la paix, lorsqu'arriva à Paris cette fameuse dépêche : « l'Empereur d'Autriche ayant sauvegardé l'honneur de ses armes, cède la Vénétie à la France » la rente italienne monta le même jour de 14 francs et la rente française de près de 10 francs.

L..., l'acheteur, gagnait plus de *quatre millions* ; L..., le vendeur, par contre, perdait la même somme.

Il comptait régler comme les opérations précédentes avec le bénéfice réalisé par son associé.

Lorsque vint la liquidation entre les deux cousins, L... l'acheteur tint ce langage à L... le vendeur :

— Ah ! mon pauvre ami, te voilà donc forcé de sauter à la Bourse et ruiné par dessus le marché !

— Mais, répondit L... le vendeur, pourquoi plus aujourd'hui qu'auparavant, ne sommes-nous pas associés ?

— Parfaitement, mais l'occasion est trop belle pour la laisser échapper. Je garde les *quatre millions*, et comme je ne veux pas que tu manques de rien, je vais te donner un titre de *six mille franes* de rente viagère. D'ailleurs, le dimanche, tu auras ton couvert mis chez moi.

L... le vendeur sauta, en effet, et fut exécuté.

Quelques temps après, l'acheteur s'offrait une écurie de courses qui longtemps prospéra entre ses mains.

Autre moralité :

Je conseille aux agents de change de se méfier des cousins en toutes saisons !

Chacun se souvient du célèbre banquier Huguet. Il était établi banquier à Paris et propriétaire d'un journal, *l'Avenir libéral*, dirigé par Henry Vrignault. Cette feuille dévouée à la cause de Napoléon III n'avait aucun succès. Un matin, il laissa une lettre à ses employés leur annonçant son départ. En effet, il fila en Angleterre. Mis en faillite, on constata un déficit de *deux millions* et plus dans sa caisse.

Parmi les victimes de Huguet, se trouvait un M. B... qui perdait cent mille francs. Il apprit que Huguet s'était réfugié à Londres. Il se rendit dans cette ville et alla demander conseil à un détective célèbre, M. Druskowitz. Il était impossible de tenter d'intimider Huguet. Le détective néanmoins se rendit chez Huguet qui ne se cachait pas le moins du monde, et menait grand train. Il lui fit observer que s'il refusait de donner satisfaction à M. R..., ce dernier allait déposer une plainte qui pourrait amener une demande d'extradition, Huguet répondit tranquillement ceci :

— Il faudra une année pour obtenir mon extradition. A cette époque je serai en France, au pouvoir, et c'est moi qui exigerai l'extradition de M. Thiers.

M. Thiers était alors président de la République et

Huguet voulait absolument donner à sa fuite une couleur politique.

Le détective s'en alla. M. R.., revenu à Paris, se mit en quête des autres victimes du banquier Huguet, et tous, collectivement, déposèrent une plainte au parquet.

M. Thiers demanda l'extradition et ce fut précisément le détective Druskowitz qui fut chargé d'arrêter Huguet.

Huguet, averti je ne sais par qui, se cacha avec soin, et on ne savait où le prendre. Le dimanche, sauf le cas de flagrant délit, on n'arrête pas en Angleterre. Huguet qui connaissait cette circonstance profitait de ce jour pour aller se promener dans les campagnes des environs de Londres.

M. Druskowitz se rendait, tous les dimanches, depuis un mois à la porte du jardin de Kiew. Ce parc, situé à trois mille de Londres, est le rendez-vous de tous les bourgeois et de tous les étrangers, comme chez nous, le bois de Vincennes et de Boulogne. Le détective avait la conviction qu'un jour ou l'autre, il finirait par rencontrer Huguet. Il n'avait vu ce dernier qu'une seule fois. Huguet avait beaucoup vieilli ;

il était presque méconnaissable. Après plusieurs dimanches de faction, il vit s'avancer un personnage donnant le
bras à une magnifique anglaise. Il ne le reconnut pas,
mais comme il y avait entre ce personnage et Huguet
une vague ressemblance, il le suivit à tout hasard.
Après s'être promené, le couple entra dans une maison du quartier français.

Son gibier *remisé*, le détective se posa ce dilemme :
Si c'est Huguet et que je le demande dans la maison,
je donne l'éveil, car très certainement il n'est pas là
sous son nom véritable. C'est peut-être aussi le domicile de la femme ?

Voici ce qu'il imagina :

Il revint le lendemain matin, à l'heure où le facteur
faisait la première distribution. Il se promenait devant la maison ayant l'air d'un locataire qui attendait
son courrier, il aborda le facteur :

— Pardon, mon ami, lui dit-il, n'avez-vous point
de lettres pour moi, et il indique un nom au hasard.

Le facteur, sans défiance, lut à haute voix toutes les
adresses des lettres que, selon l'usage anglais, il tenait
à la main.

Cette revue terminée, le nom de Huguet ne s'y trouvait pas, mais il y avait une lettre pour un M. Nadaud. Le détective se souvint à l'instant que Huguet était en relation avec un nommé Nadaud. La piste était trouvée. L'homme qu'il avait *remisé* la veille n'était point Nadaud, car il le connaissait. Il entra ; Huguet, qui se croyait bien à l'abri, vint ouvrir. Il l'arrêta immédiatement.

La demande d'extradition suivit son cours ; elle fut accordée par les juges anglais.

Huguet fit appel devant la cour de l'Echiquier.

Me Beslay qui l'assistait dit aux juges que son ardeur à défendre les idées napoléoniennes lui avait valu les haines du parti républicain, qu'il était lié avec la famille Impériale, et que s'il était venu à Londres avec 27,000 francs, c'était pour y établir une succursale et fonder un journal bonapartiste.

L'avoué de Huguet invoquait un motif plus curieux encore.

— La chute de l'empire, disait-il, a mis à néant le traité d'extradition qui avait été conclu.

Le président de la cour remit à huitaine pour prononcer son arrêt. Les arguments de M^e Beslay avaient jeté le trouble dans son esprit.

L'extradition fut accordée. Huguet fut ramené en France et condamné comme on le verra dans le dernier chapitre de ce livre.

Toute la Bourse a connu M. Félix ainé, un petit bossu, le type juif par excellence. Il jouait un jeu effréné. Il débuta par fonder une *Caisse des rentiers* dans un petit entresol de la rue de Richelieu, au n° 104. Il fonda le *Journal de la Bourse* et prit pour second M. Edouard Blée. Voyant que l'argent affluait peu, il imagina de battre monnaie en publiant des *Souvenirs rétrospectifs*. La plupart des gens qui voyaient leur passé mis au grand jour, MM. Gautier, Neuburger et autres, s'empressèrent de payer. Alors le petit Félix transporta sa maison 83, rue Richelieu. Il la monta d'une façon luxueuse, et inséra en tête de son journal la note suivante :

# RESUMÉ

## DU PROGRAMME DE L'UNION FINANCIÈRE

### DU

## JOURNAL DE LA BOURSE

L'UNION, qui a commencé à fonctionner en mars 1879, a distribué à ses adhérents

Le 31 juillet suivant . . . . . . . . . . . . . 7,25 o/o

Le 31 octobre suivant . . . . . . . . . . . . 7,75

Le 31 décembre suivant . . . . . . . . . . . 7,50

Le 31 mars 1880 . . . . . . . . . . . . . . 8,15

Soit au total . . . . . . . 30,65 o/o

de leur argent.

Elle a donc pour but, on le voit, de faire participer les petits capitaux, groupés sous sa direction, aux bénéfices uniquement prélevés jusqu'ici par leurs exploitateurs.

—

L'UNION, se réservant le choix absolu de ses moyens, garantit d'abord, à cet effet, aux petits capitaux qui lui sont confiés, un intérêt fixe de 6 p. o/o. Elle les fait ensuite participer, proportionnellement, à une part de ses bénéfices qui ne sera jamais moindre de 50 p. o/o, mais dont elle se réserve aussi absolument l'appréciation.

Le gogo mordit si bien à l'hameçon qu'en peu de temps l'argent tomba dru comme grêle dans la caisse de M. Félix.

Il lança l'émission du journal le *Citoyen* et dix autres affaires qui ne réussirent pas.

Il doubla M. Edouard Blée avec M. Hugelmann père. Ah ! du coup l'affaire allait marcher rondement ! En effet, un beau jour pour M. Félix et un bien vilain pour les actionnaires, il prit la fuite, laissant un déficit énorme.

La stupeur fut grande chez les gogos.

M. Edouard Blée alla fonder, place de la Madeleine, 10, en compagnie du célèbre Tronsin Dumersan, la fameuse banque en garni.

Quant à M. Hugelmann père, il essaya de repêcher les épaves du naufrage, et fonda un journal le *Renseignement*.

Son audace était si grande, qu'au lendemain du désastre de M. Félix, il essaya de reconstituer une nouvelle affaire sur les débris de l'ancienne, et publia cet avis en tête de son journal :

## RECONSTITUTION DE L'UNION

Nous avons affirmé, dans notre dernier numéro, que nous aurions aujourd'hui d'excellentes nouvelles à communiquer à nos lecteurs. Elles sont toutes sous-entendues dans l'annonce suivante que publie le *Journal de la Bourse* paru ce matin :

Il importait à la cause de la petite épargne que l'Union créée rue de Richelieu avec notre concours ne fût pas brisée.

Nous aurons atteint ce but à la date du 7 juin. Cela suffit pour nous satisfaire : car cela sauvegarde à la fois tous les intérêts dont nous avions à cœur d'assurer le triomphe, et cela réunit à nouveau des forces qu'il importe de consacrer exclusivement à ce triomphe.

Encore une fois patience, et l'on s'applaudira des résultats.

## BANQUE DE L'UNION FINANCIÈRE

SOCIÉTÉ ANONYME

**Au capital de 3.000.000 de francs**

*Divisé en 6,000 actions de 500 francs*

Siège social à Paris

83, RUE DE RICHELIEU, 83

La bêtise humaine est si grande que les gogos crurent que M. Hugelmann père allait être leur terre-neuve.

Leur illusion ne fut pas de longue durée.

L'*Union financière* sombra comme sa devancière. Ce n'était pas manque de talent chez M. Hugelmann père ; au contraire, il en avait trop !

Il était écrit que cette maison porterait la guigne à tous ceux qui y passeraient.

A la vente après faillite de l'*Union financière du Journal de la Bourse,* ce fut un nommé E. Sorano qui se rendit adjudicateur du bail et du mobilier, il rouvrit la boutique et mit en pratique de trafiquer sur les valeurs à l'aide de *tickets* comme cela se fait au salon des courses.

Sorano avait innové : A tout déposant de 5 0/0 turc de quatre obligations et de quatre lots, il remettait un certificat-contrat allouant trente francs de rente, payable par quart trimestriellement. Sa combinaison consistait, disait-il, à acheter du 3 p. 0/0 français à terme et à le faire *reporter* indéfiniment d'une *liquidation* à l'autre, les titres turcs devant constituer la *couverture.*

En réalité, il jouait à la Bourse avec l'argent provenant de la vente des titres qui lui étaient donnés en dépôt.

Il avait pratiqué ce système précédemment à la

*Banque Orientale,* 16, avenue de l'Opéra. Ses dupes avaient déposé de nombreuses plaintes.

Au moment où il croyait tenir le succès pour se *refaire,* voilà la guigne de la maison qui montre le bout de son nez sous la forme de deux agents de la sûreté qui vinrent le prier d'aller continuer ses exercices à Mazas.

La 9ᵉ Chambre correctionnelle lui donna un *ticket* pour trois ans dans une maison centrale au choix.

Trois ans, ce n'était pas trop cher payé un passif (soyons poli) de *deux millions 454,088 francs.* Il est vrai qu'il y avait un actif de 500,000 francs !

Un fabricant de bijoux doublés de la rue des Chaumes, un nommé J. Bloch, encore un juif de la plus belle eau, prit la succession de Sorano.

Nous avons dit que le Parquet et la Coulisse n'acceptaient pas, pour les opérations à termes, d'ordres au-dessous de 1,500 fr. de rente pour le 3 p. 0/0 et de 2,500 fr. pour le 4 1/2 p. 0/0.

Ce minimum est beaucoup trop élevé pour les petits joueurs qui sont forcés de s'abstenir d'aller à la Bourse.

Bloch comprit qu'il y avait là une nouvelle

couche de gogos à exploiter. Il venait de faire une assez jolie faillite ; il avait donc toutes les qualités voulues pour tenter l'entreprise. Il prit des arrangements avec ses créanciers, promit de les payer intégralement, et il loua le local de l'ancienne maison Félix.

Il intitula le nouvel établissement financier : *Petite Bourse de Paris*.

Son but était indiqué par cette phrase de sa circulaire : *Mettre la spéculation à la portée de tous.*

Bloch vendait ou achetait pour ses clients 150 fr. de rente et des valeurs par une ou deux seulement. Bientôt les gogos affluèrent, et le petit bijoutier de la veille réalisait plus de 300,000 fr. de bénéfices nets par an.

Il se crut, dès lors, l'égal de Rotschild. Il fréquenta les courses, les premières, les grands cercles. On parlait de ses attelages. Pour soutenir ce luxe, il jouait à la Bourse avec l'argent de ses clients, mais la guigne de la maison ne devait pas tarder à se faire sentir.

Une hausse subite et imprévue lui fit perdre une somme considérable.

Ce fut alors que, prévoyant la catastrophe prochaine,

il acheta, sur le boulevard Montmartre, ce fameux *Salon de Paris.*

Bloch, pour essayer de sauver la situation, s'était adjoint un boursier très connu et très honorable qui eut l'esprit de se retirer à temps.

Nouvelle apparition des agents de la sûreté.

Bloch alla remplacer Sorano à Mazas.

Gogos, la boutique est encore ouverte !...

Et elle n'est pas prête à fermer, si j'en crois cette anecdote absolument authentique.

Le célèbre Polydore Millaud, le créateur du *Petit Journal*, était un habile entre les habiles ; il avait la science de faire verser de l'argent aux plus récalcitrants.

La main largement ouverte, il avait toujours besoin d'argent. En plus le *Petit Journal* coûtait fort cher. Il faisait des efforts inouïs pour le lancer et des appels fréquents à ses actionnaires.

Parmi ceux-ci il y en a un qui, chaque fois qu'il venait, convoqué par Polydore à une assemblée, arrivait de sa province avec un sac de toile contenant deux mille francs en pièces de cinq francs. Aussitôt l'assemblée close, il se dirigeait tranquillement vers la caisse et versait sans mot dire. C'était une habitude.

Après six assemblées consécutives, le *Petit Journal* prospérant, Polydore Millaud convoqua une septième fois ses actionnaires. Il ouvrit la séance par ces paroles :

— Messieurs, je vous remercie d'avoir eu confiance en moi. Cette confiance va recevoir sa récompense ; Nous avons réalisé des bénéfices et je suis heureux de vous annoncer que je vais vous faire distribuer un dividende de 12 francs 50.

Tout le monde applaudit, excepté toutefois l'actionnaire au sac. Il s'approcha de Polydore.

— Vous avez dit que nous allions toucher un dividende ?

— Oui !

— Mais je ne veux pas. Tenez, voilà mon sac. Prenez-le, que voulez-vous que j'en fasse ? Je ne puis pas retourner dans ma province avec mon argent.

— Je vous répète que la Société n'a plus besoin de faire appel à ses actionnaires.

Gogo n'en voulut pas démordre. Majestueusement

il alla à la caisse, jeta son sac sur la tablette et demanda un reçu au caissier, puis il s'en alla joyeux en disant:

— Ah ! enfin, je suis sûr qu'on ne me volera pas mon argent en route !

# IX

Lepelletier et le directeur de la Conciergerie. — Ch. Blanchard.
— A. Marlier marcha:d de fromages. — Un homme prévóyant. —
Le truqueur Laplacette. — Les Magasins Réunis. — L'Union
Ouvrière. — Nouveau moyen de recruter des actionnaires. — Un
commissaire de police complaisant. — De plus fort en plus fort.
— Un fait divers ingénieux. — Le coup de la valise. — Un trait
de génie. — 116,250,000 fr. pour cinq millions. — J. Latour, l'hy-
dropathe. — Reichembach, l'homme protée. — Un commissaire de
police naïf. — Le Boul'Mich. — Les châteaux de mes aïeux. —
La *gazette hippique*. — Corne-Durand. — Le coup de la liste.
— Trop tard. — La Petite Bourse des fonds publics. — Un belge
malin. — Le truc du conseil de surveillance. — Une drôle de
comptabilité. — 1,000 o/o. — Le marchand de chapelets. —
L'Office catholique. — Le coup de la correspondance. — Incorrigible.

Il n'existe pas de traité d'extradition entre la France
et la Roumanie, — ce qui fait que ce pays est l'objec-

tif de tous les financiers véreux qui vont s'y établir et manger en paix le produit de leurs vols. Bukarest est une succursale des marchés de la Bourse parisienne.

Lepelletier le grand, l'illustre, l'unique, y fait florès. Il a eu le toupet de fonder un Crédit Foncier Roumain en concurrence avec la Banque Nationale de Roumanie. Ce n'est pas tout : il a été mandé à Constantinople par le Sultan. On voit d'ici Lepelletier-Pacha, couvert de tous les ordres Turcs, y compris l'Osmanié, envoyé à Paris par le Sultan, en qualité d'Ambassadeur et reçu par M. Carnot !

Avec Lepelletier, il ne faut préjuger de rien. C'est un habile homme, un grand filou mais un charmeur.

Un exemple entre mille.

Il était détenu à la Conciergerie, je ne sais pour quel méfait, — il ne les compte plus ; — il passait ses journées et une partie de ses nuits à écrire des chiffres. Il les alignait en colonnes fantastiques. Les millions s'entassaient sur les millions. C'était à donner le vertige. Il émerveillait le directeur.

Quelques temps plus tard, un de mes amis visitait la Conciergerie, il en vint à parler des coquins célèbres qui avaient illustré la prison. Le directeur, un homme aimable, lui fit voir la cellule de Troppmann et lui parla de Lepelletier.

— Voyez-vous, disait ce fonctionnaire au visiteur, Lepelletier est un incompris. C'est un grand financier. S'il a eu des malheurs, c'est que la haute banque, les Ephrussi, les Rothschild, les Camondo, les Cahen-d'Anvers se sont ligués contre lui pour le faire sombrer. Tenez, moi qui vous parle, ajouta-t-il, j'ai une telle confiance en lui, que si j'étais riche, je n'hésiterais pas à lui confier ma fortune !

J'espère que, pour un comble, cette anecdote authentique est réussie.


Ch. Blanchard, de la *Société Nouvelle* et d'autres encore, après avoir accumulé tant de ruines, précéda Lepelletier dans cet oasis hospitalier, mais celui-là n'était pas riche. Aussi, il était peu considéré et tenu à l'écart.

Comprend-on un financier qui manie tant de millions et qui se sauve sans emporter la caisse, ou au moins s'être assuré des rentes ?

C'est évidemment un niais.

Moins niais fut Albert Marlier. Il avait été secrétaire de Jacques Palotte et connaissait les grands principes. Après la déconfiture de la *Banque de la Chaussée d'Antin*, il se sauva à Bukarest.

Il avait hérité de Palotte d'une fille horriblement laide, mais d'une intelligence extraordinaire, elle avait rêvé toute sa vie de s'établir marchande de fromages. Elle acheta aux Halles toute une cargaison de Camembert, de Pont-Levesque, de Marolles, et un matin elle débarqua à Bukarest. L'ex-financier loua une boutique et gagna beaucoup d'argent.

Un des financiers les plus curieux de notre époque dont le nom restera dans les annales des *truqueurs*, c'est M. Laplacette.

Pendant longtemps les journaux parisiens furent encombrés de longues « tartines » qui réclamaient la réforme de la loi des faillites. Des conférences avaient lieu en même temps. Je crois même qu'un député élabora un projet de loi. L'inspirateur de tout ce tapage était M. Laplacette, directeur des *Magasins Réunis* et de l'*Union Ouvrière*, société fondée au capital de 3,000,000 de francs.

Le capital de cette société fut trouvé, grâce à un

trait de génie, et il faut avouer que les juges de la 8e chambre correctionnelle avaient le caractère bien mal fait pour avoir été si durs envers l'inventeur de ce système.

Les Magasins Réunis étaient une concurrence au grand Crespin aîné, de Vidouville (Manche), seigneur du domaine de Combault, d'Ornano et autres lieux. Chacun sait que ces sortes de maisons encaissent un franc ou deux francs par semaine et que le client, lorsqu'il a versé une certaine somme, reçoit un bon du double, quelquefois du triple, avec lequel il peut, dans des magasins désignés, acheter ce qui lui convient.

Les employés, chargés de ces encaissements, sont de pauvres diables qui gagnent péniblement de quoi vivre. Tous les mois, la maison leur règle leurs appointements. Beaucoup d'entre eux sont chargés de famille et vers le vingt du mois la misère est grande. Alors sur leurs recettes, ils prélèvent quelques francs pour attendre le grand jour, « Sainte-Touche » comme ils disent. Ce jour venu, ils règlent leurs comptes, et ainsi de suite, de mois en mois. M. Laplacette, mis au courant de ce fait, bien qu'il n'éprouva jamais de préjudice, faisait mander ses employés par le commissaire de police, qui les menaçait de les livrer à la justice.

— Faites l'aveu de votre faute à votre directeur, leur disait-il, il vous pardonnera.

Les pauvres gens intimidés s'en allaient, l'oreille basse, et signaient une reconnaissance relatant le fait du prélèvement anticipé.

C'était là que les attendait M. Laplacette.

A partir de ce jour, les employés étaient à son entière discrétion et avaient à subir, sans sourciller toute espèce de retenue sur leur maigre salaire. Il leur imposait la prise ferme d'actions de *l'Union Ouvrière*. Ce système inédit de chantage réussissait si bien que le financier Ch. Blanchard allait, avec le concours de la *Sociéte Nouvelle*, élever le capital de la société Laplacette de un million de francs, c'est-à-dire le porter à quatre millions.

Enfin le 30 mai 1884, le pirate Laplacette et son complice Picq passèrent devant la 8e Chambre correctionnelle qui leur infligea, au premier un an de prison, au second six mois. En appel la peine de ce dernier fut réduite à trois mois.

Et dire que si des indiscrets n'avaient pas ébruité cette aventure, M. Laplacette serait chevalier de la Légion d'honneur et jouirait de la réputation d'un grand philantrophe.

Il va sans dire que l'affaire des *Magasins Réunis* sombra dans une belle faillitte, engloutissant le capital d'une masse de malheureux.

Cette manière de placer des actions était l'enfance de l'art. Bien plus fort fut F... financier bien connu dans la rue de la Victoire, un homme si économe qu'il ne voulait dans son journal ni *blancs*, ni *alinéas*.

F... avait monté une société au capital de *six millions* mais, malgré une publicité effrénée, il n'avait pu placer aucune action. Il était désespéré, lorsqu'un matin en ouvrant un journal le fait divers suivant lui tomba sous les yeux.

— Hier soir, un jeune homme pauvrement vêtu, se présenta dans un hôtel meublé de la rue Bergère. Il portait une valise à la main et demanda une chambre.

— Mettez-y ma valise, dit-il au garçon, car sans doute ce soir je ne rentrerai pas.

Il se disposait à sortir, lorsque, se ravisant :

— Ah ! ajouta-t-il en s'adressant au garçon, je n'ai point de monnaie, n'ayant sur moi qu'une obligation de 500 francs, prêtez-moi donc un louis, je vous le rendrai demain matin.

— Mais je ne puis, répondit le garçon, je ne vous connais pas.

— Vous êtes un imbécile, reprit le voyageur, et je vais ailleurs.

Il reprit la valise et alla à un autre hôtel, il recommença la même scène, seulement au lieu d'emprunter 20 francs, il en demanda 100.

— Je n'ai que quatre louis, dit le garçon après avoir consulté sa bourse.

— Quatre louis !... Eh bien ! cela me suffira jusqu'à demain.

Il prit la somme, remit la valise et son obligation au garçon et s'en alla.

Le lendemain, à 3 heures de l'après-midi, le garçon de l'hôtel, inquiet de ne pas avoir de nouvelles de son débiteur, ouvrit la valise et n'y trouva qu'un litre rempli d'eau et quelques chiffons.

Muni de l'obligation, il alla pour la négocier chez un changeur voisin qui ne put s'empêcher de rire et de plaindre le trop confiant domestique.

En effet, le papier en question était une obligation de 500 f. des *Transports Parisiens*, sans la moindre valeur.

Plainte a été portée.


— Cet homme était un imbécile, se dit-il, mais c'est une idée à creuser.

Le même soir, F... fit insérer une annonce dans plusieurs grands journaux, demandant des employés bien mis, élégants, discrets, s'exprimant facilement de préférence avec un accent étranger.

Il s'en présenta un certain nombre à son bureau. Il en engagea une demi-douzaine.

— Vous allez, leur dit-il, vous répandre dans les quartiers, comme des voyageurs étrangers. Vous emprunterez le plus que vous pourrez au garçon. Vous lui laisserez, en nantissement, une action que je vais vous remettre, avec mon adresse, pour qu'il vienne la négocier ici. Le soir, vous ne rentrerez pas ; vous m'apportez le montant du prêt. Le lendemain, vous irez chercher le solde de la vente et je vous remettrai votre commission, vous pourrez gagner beaucoup d'argent, car j'ai une grande quantité d'actions à placer.

Ce qui fut dit fut fait. Les garçons d'hôtels apportèrent au guichet de F... les actions laissées en gage. Il paya à bureau ouvert, même avec une forte prime.

Après quelques semaines de ce trafic, il renvoya ses courtiers, parce que les garçons d'hôtels alléchés, venaient d'eux-mêmes acheter une « si bonne valeur. »

Bien malin qui les eût fait les vendre.

M. Foule, — pourquoi ne pas le nommer ? car il est digne de passer à la postérité, — sous l'aspect d'un bourgeois, comme Daumier savait les peindre, cachait un esprit pratique et une astuce profonde.

En fait de « boniment » il dépassait Mangin.

Il avait à lancer l'émission d'un charbonnage.

Avant d'insérer dans ses trois journaux le prospectus d'émission, il publia l'annonce suivante, une perle qu'il faut encadrer :

« Le père de famille qui donnerait à sa fille **10** Parts ou Actions
« de nos Charbonnages, payées **5000** fr. au total, à raison de **500** fr,
« l'une, prix de souscription seulement, lui assurerait une dot de
« **116,250** fr. au bout de **cinq ans** ; de **227,500** fr. au bout de
« **dix ans** ; de **405,500** fr. au bout de **dix-huit ans**. Ce tableau
« en main, et connaissant l'âge de l'enfant, on peut calculer com-
« bien il faut prendre d'actions pour lui acheter une dot détermi-
« née à l'époque de son mariage et de son établissement.

« Amis, lecteurs ou clients, dotez votre portefeuille ou votre fille
« de dix Parts des **Charbonnages de Saône-et-Loire.** »

(Journal des Rentiers 16 juillet 1876.)

Pourquoi ce philanthrope sans égal ne gardait-il pas pour lui ces 10.000 parts de 500 francs qui possédaient la vertu de transformer, au bout de cinq ans, la modeste somme de *cinq millions* en un capital de 116.250.000 fr., lequel après dix-huit ans se serait élevé à *quatre cent cinq millions cinq cent mille francs ?*

On croit rêver en lisant de pareilles énormités, les

pyramides des Pharaons ne sont que des dés à jouer en comparaison d'une fortune aussi colossale.

Eh bien ! le public y mordit si bien qu'en très peu de temps, M. Foulc encaissa, pour diverses affaires, 465.000 fr.!

L'illustre financier fut arrêté. Il resta en prévention à Mazas, plus d'une année, et, aujourd'hui, on rencontre souvent le pauvre homme achetant chez Corcellet ou chez Potel les victuailles les plus succulentes et les primeurs les plus rares, qu'il s'offre dans un intérieur confortable et à la santé des gogos. Ces derniers chantent peut-être dans sa cour pour implorer un morceau de pain !

Au commencement de 1885, on lisait dans les journaux parisiens une annonce qui promettait de prêter de l'argent à toutes personnes solvables. Elles n'avaient qu'à s'adresser par lettres, rue des Ecoles n° ..... à MM. Latour (Joseph) et Regicis (Louis).

Les demandes affluèrent.

Voici la réponse que le quémandeur recevait invariablement :

Monsieur,

Vous êtes tout à fait solvable ; mais comme dans cette affaire, je ne suis qu'un intermédiaire, je me vois obligé de vous demander d'avance l'intérêt de la somme ;soit *quinze pour cent*.

Ils reçurent ainsi des sommes qui s'élevèrent en quatre mois, à plus de vingt mille francs.

Ils avaient pris pour enseigne : *Bureau central*. Ce bureau était situé dans une mansarde du sixième étage !

Ils changèrent de noms fréquemment ; ils se faisaient successivement appeler : *B. des Rieux, Reichambach, baron d'Angeville, de Camiran, de Villefort et Reilliard ;* chose particulière et qui prouve combien la police est indifférente pour les voleurs financiers qui exploitent Paris. *Reichambach*, sous son vrai nom de *Reilliard*, en compagnie de *Latour*, étaient déjà recherchés pour avoir escroqué le public dans deux établissements financiers : 18 rue Rochechouart et 15 faubourg Montmartre ; ce dernier sous le nom de *Comptoir général*. Ils étaient recherchés avec une telle vigilance que Reichambach voulant se faire établir un certificat d'identité sous le nom de *de Camiran*, eut l'audace de se présenter au commissariat de police de son quartier, escorté de deux commerçants patentés de la rue Mazarine, et que le certificat lui fut délivré.

Si ce n'était authentique, on croirait assister à un vaudeville de Ludovic Halévy ou de Labiche : — Reichambach était parvenu à se procurer des certificats les plus élogieux émanant des maisons de commerce les plus importantes de province. Il va sans dire qu'il avait fabriqué ces certificats. Il les montrait à tout venant, ce qui inspirait confiance.

L'escroquerie, qui rapportait le plus à Latour, était celle-ci : il vendait, et on les achetait, des titres qui n'avaient que le prix du papier, pour leur valeur nominale. Personne ne croira qu'après que la France a été inondée de journaux financiers depuis dix ans, il se trouve encore des naïfs pour se laisser prendre à des pièges aussi grossiers.

Ce Latour n'était pas le premier venu.

En 1878, vers la fin, je crois, existait au quartier latin, au *Café du Coucou*, tenu alors par Joséphine et Valérie, une société de jeunes gens, sous ce titre : *Club des Hydropathes*. En faisaient partie, MM. Goudeau,

Montancey, Grenet-Dancourt, Harry Alis, Decori, Champsaur, Alphonse Allais, Sapeck, J. Inglebach. Latour fut présenté à Goudeau qui présidait. Le petit Cénacle n'était pas riche alors. Latour lut des vers et en paya qui valaient mieux que les siens. On lui pardonna, mais malgré ses largesses et ses avances, il n'avait la sympathie de personne. Une sorte de répulsion instinctive éloignait tous les camarades de lui ; il avait beau parler de ses châteaux dans les Ardennes ; personne n'y croyait.

Le 21 juin 1879, il fonda un journal qui avait pour titre : *le Boul'Mich*.

Le 1ᵉʳ mars 1880, il en fonda un second l'*Héraldique*.

Le portrait de Latour s'y étale en première page. Sa biographie accompagne son portrait. Il y dit : « J'ai enfourché la cavale qu'on nomme la Bourse, rassasié de ce métier d'agio »…..

Il eût été heureux pour les malheureux qu'il vola si effrontément qu'il eût dit la vérité.

Le génie, dépensé par les fidèles du temple grec pour s'approprier la fortune d'autrui, est vraiment prodigieux.

Un des plus illustres, quoique peu connu, M. Corne, fonda la *Gazette Hippique*, organe de la Société hippique pour la remonte de la cavalerie française. Ce n'était pas de la petite bière, le capital était de 1.500.000 francs, et le siège social 3 rue Cambacérès.

Comme il n'y avait pas le premier sou de souscrit, pour se procurer de l'argent, il pratiqua le vieux truc de cautionnement qui réussit toujours. En quatre mois, il ramassa cent mille francs et prit la fuite. Le Parquet *découvrit!!* que son véritable nom était Durand et qu'il avait été condamné à Londres, Bruxelles et Paris.

Naturellement on ne le trouva pas ; mais l'année suivante, il s'installa audacieusement rue Lepelletier et répandit à profusion des prospectus annonçant la constitution d'une société dont le but était de placer les anciens officiers retraités comme gérants de propriétés avec des appointements mirifiques.

Les officiers accoururent en foule, mais il fallait pour être inscrits qu'ils souscrivissent deux actions de 600 francs.

La souscription marchait grand train.

Dans son bureau, Corne avait quatre énormes coffres-forts qui s'emplissaient à vue d'œil.

Il n'en était pas de même pour les places promises.

Un jour, les officiers, fatigués de ne rien voir venir, déposèrent une plainte collective au Parquet.

Le commissaire de police se présente aux bureaux de la société. Corne-Durand reçut ce magistrat avec un aplomb fantastique.

— Comment, Monsieur, lui dit-il, vous osez venir ici, mais vous ne connaissez donc pas les noms des personnages qui composent mon conseil d'adminis-tration ?

— Non ! dit le commissaire de police.

— Eh bien, Monsieur, je vais vous mettre cette liste sous les yeux.

Il ouvrit un des fameux coffres-forts qu'il laissa à dessein entr'ouvert afin que le commissaire pût voir l'or et les billets de banque. Il prit la liste et la donna au commissaire. Celui-ci la parcourut et resta ahuri ; il y avait un général, des députés, des sénateurs, un haut financier.

Devant ces noms, le commissaire de police se retira en se confondant en excuses et en salutations.

Corne-Durand ne perdit pas de temps. Le soir même, il vida les coffres-forts et partit pour Londres.

Le commissaire de police fit son rapport et.... trois jours plus tard, il revint avec un juge d'instruction. L'oiseau était envolé !

E. Nizet, un tripoteur célèbre, était, vers la fin de 1886, établi rue Richelieu dans une toute petite boutique.

Il était bien à l'étroit pour un homme de haut vol ; il aspirait à faire grand et nouveau. Il ouvrit au n° 15 de la rue Vivienne, une boutique somptueuse sous la dénomination de *Petite Bourse des Fonds Publics*.

L'installation était des plus luxueuses. Un nombreux personnel était à la disposition du public. Des grooms en élégante livrée circulaient dans les différentes pièces de l'établissement. Bref, tout était combiné pour inspirer une confiance sans borne. La toile était admirablement tissée pour y prendre les dupes ; ils accoururent en masse serrée. En peu de temps, les dépôts atteignirent un chiffre énorme. En même temps, M. Nizet avait fondé 11 rue Beaujolais sous le nom de *Caisse d'Epargne des Communes de France* un second établissement pour la vente des valeurs à lots.

M. E. Nizet était un artiste, un raffiné. Il ne voulait pas voler vulgairement. Il voulait que les dupes en aient pour leur argent.

Dans une pièce du fond, une large plaque en cuivre, brillante comme de l'or, portait cette inscription : Salon du conseil de surveillance. Nizet se tenait généralement dans cette pièce le matin et après la Bourse.

Quand des déposants venaient réclamer et criaient un peu trop fort, un employé l'avertissait au moyen d'un timbre électrique.

Alors, par une porte dérobée, entraient une demi-douzaine d'employés Aussitôt ils se mettaient à parler à voix haute; tous ensemble, comme s'ils discutaient vivement. Alors Nizet ouvrait doucement la porte du « Salon » et refusait de recevoir les récalcitrants.

— Vous entendez, disait-il. Je préside mon conseil d'administration et nous prenons des mesures importantes pour doubler et même tripler nos capitaux. Au même moment, des applaudissements nourris interrompaient sa péroraison. Les gogos se retiraient enchantés et quelques-uns même passaient à la caisse effectuer de nouveaux versements.

Nizet jouait à la Bourse. Après de grosses pertes, il fila en Belgique son pays natal.

Quand le commissaire de police et le juge d'instruction vinrent poser les scellés, ils ne trouvèrent dans les caisses qu'une quarantaine de rouleaux de pièces de deux centimes neuves, qui simulaient des rouleaux de louis et une sibille pleine de jetons de cercles.

Le passif était de plus de cinq cent mille francs !

Au cours de la perquisition, le commissaire aperçut alignés sur une tablette vingt-cinq livres énormes.

— C'est la comptabilité, pensa-t-il.

Il fit enlever et transporter les volumes dans son cabinet.

Quelques jours plus tard, il voulut en faire l'inventaire. Il en prit un et essaya de l'ouvrir ; c'était simplement des livres en bois, habilement reliés et soigneusement munis au dos d'étiquettes pompeuses !

Les commissaires n'ont pas de chance avec les financiers !

Il n'y a pas que les domestiques, les cochers, les cuisinières, en général, ceux qui économisent qui sont le point de mire des filous ; le clergé se laisse solliciter, exploiter, voler par les juifs qui se transforment au besoin en catholiques fervents.

En février 1885, on lisait l'annonce suivante dans les journaux :

**400** FR. AVEC **150** FR. dans trois mois par des Achats de Rentes françaises — **Demander la circulaire au** Journal *L'INFORMATION* **14, RUE DU HELDER. — PARIS**

Il aurait fallu vraiment n'avoir pas dans sa poche 150 fr. pour résister à l'appât de gagner avec une somme aussi minime 1.600 francs par an, un peu plus de 100 0/0 !

Quel était donc le financier assez favorisé des dieux pour accomplir un pareil miracle ?

Moïse n'était que de la saint Jean, tout comme Jésus-Christ. Le beau mérite de faire jaillir, d'un coup de baguette, de l'eau d'un rocher, ou de changer l'eau en vin aux noces de Cana !

M. Blachier de Bussière qui n'était ni Dieu ni prophète, était plus fort. D'un trait de plumes il drainait l'or du monde entier. Ah ! c'est que c'était un malin !

En 1878, il était établi rue des Saints-Pères, il vendait « des petits bondieux » des chapelets, des chemins de croix. C'était un bien pauvre commerce pour un aussi grand homme ; il était à l'étroit.

Avec 23,000 francs seulement, il imagine de mettre son affaire en actions au capital de 150,000 fr., puis de 500,000 fr.

C'était encore trop peu.

Comme pour le galon, quand on prend du capital, on n'en saurait trop prendre ; puis, d'ailleurs, c'est le même prix, marché pour 700,000 fr., enfin dernier mot 800,000 fr. !

*L'Office catholique* était fondé.

Il existe de par le monde, une correspondance connue sous le nom de *Correspondance Saint-Chéron*. Elle est très estimée dans le monde conservateur et a une grande influence.

Le petit marchand de chapelets et de *cache-tonsures*

songea à utiliser cette publicité qui s'adresse à un grand nombre de journaux de province.

M. de Sàint-Chéron, écrivain de mérite et de bonne foi, recommanda *l'Office catholique*, comme une œuvre de propagande religieuse. Les actionnaires accoururent, se laissèrent séduire. Une grande partie du petit clergé français souscrivit, et.... l'entreprise sombra avec un passif de plus de 200,000 francs.

M. Blachier de Bussière fut condamné par la 1re Chambre correctionnelle.

M. de Saint Chéron n'eut pas de peine à démontrer qu'il avait été dupe de ce faiseur.

La moralité de cette condamnation, comme pour les autres, est que, la peine terminée, Blachier Bussière recommença ses exercices, au moyen de l'annonce citée plus haut, et cette fois il ne s'agissait plus de cent misérables mille francs. Il s'agissait de 30 millions !!

# X



La France entière a entendu parler du fameux *Crédit général français* et des non moins fameux Berthier frères et Baron d'Erlanger.

Depuis plus de six ans ces trois hommes ont accaparé l'attention publique et leurs noms ont souvent retenti dans les prétoirs de nos tribunaux commerciaux et correctionnels. Sur le banc des accusés, ils étaient comme chez eux, et c'est avec une douce mansuétude que le président priait gracieusement l'illustre Baron de vouloir bien s'asseoir. S'il avait osé il se serait excusé de ce que le banc n'était pas capitonné !

L'affaire du Crédit Général Français sera dans dix ans une des curiosités de notre époque, si féconde en curiosités et en surprises de tous genres. Nos enfants auront peine à croire qu'un de ceux qui a le plus contribué à la ruine de notre épargne n'ait pu être atteint par la justice française, car pour ce triste sire d'Erlanger, dame Thémis a triplé son bandeau et maquillé ses balances.

Ce protégé de l'Allemagne qui a étendu sur lui sa puissance occulte et a failli par contre-coup sauver ses complices, est dignitaire de la Légion d'Honneur. Il marche la tête haute. Il est vingt fois millionnaire tandis que ses victimes crèvent de faim en le maudissant sans pouvoir l'atteindre et soulager la conscienc publique.

Le Crédit Général Français a pris 150 millions à l'épargne, et l'influence néfaste de ce gentilhomme de fraîche date et de grands chemins s'est fait sentir sur la Bourse de Paris comme une huitième plaie.

Il avait une influence sur le *Comptoir d'Escompte*, sur la *Société générale* qu'il livra aux frères Dreyfus. C'est grâce à lui qu'eut lieu la fusion de la *Banque autrichienne-hongroise* avec la *Banque franco-hollandaise*, qu'il livra ensuite à Philippart. Il était le maître au *Crédit Mobilier*. Par les Berthier, il tenait le *Crédit Général Français*. Il avait un pied partout : d'autant plus dangereux qu'il n'était pas en nom. Quand on lui reprochait d'avoir trompé le public, il répondait :

— Il n'avait qu'à faire attention !

C'est encore ce Baron allemand qui constitua la Société anonyme des ateliers Godillot, la maison la plus importante des fournitures pour l'armée française. On se demande avec stupeur comment le ministre de la guerre, lorsque ce fait lui fut dénoncé par la presse française, se contenta d'explications qui n'en étaient pas, surtout lorsqu'il est notoire que M. d'Erlanger fut fournisseur des armées allemandes pendant la guerre de 1870 !

Ce n'est pas tout, le juif Erlanger, comme exécutant un plan d'ensemble élaboré de longue main et soigneusement étudié, a fait l'affaire des *Grands Moulins de Corbeil*. Avec l'affaire Godillot, celle-ci est la plus grave. Le grand approvisionnement de blés et de farines de Paris se fait par la Brie et la Beauce, mais il est plus rapide et plus économique par les vallées de la Seine, de l'Essonne, de la Marne et du Morin. Si le malheur voulait que Paris fût encore une fois investi par les Allemands, il y a gros à parier que les établissements de Corbeil seraient remplis de farines qui manqueraient à Paris, et ça avec notre argent !

Il a groupé les *Plâtrières de Paris* et les dix-sept entreprises de navigation ?

Il a le pied en Algérie par le *Crédit algérien* !

Et tout cela à l'aide de quels tripotages ? mais M. Wilson et M^me Limouzin sont des anges de pureté à côté d'un pareil homme. Ah ! si tous les actionnaires des affaires qu'il a englouties et dont il a pris les millions avaient eu le courage du colonel Noirtin, il y a longtemps que justice serait faite et que la France aurait vomi cet Allemand sur le pavé de Berlin.

Un volume serait insuffisant pour écrire l'histoire de cet homme qui a tenu dans la main le marché financier. Je me contenterai de citer un fait entre mille. Il fut dévoilé devant la Chambre correctionnelle de la Cour d'Appel.

L'histoire du journal l'*Argent* eut un immense succès à la cour. On savait que ce journal avait été payé par Jules Berthier, administrateur délégué du Crédit Général Français, à Berthier frères la somme de 500,000 FRANCS. C'était déjà fort, mais on pouvait croire que ce journal revendu depuis 600 FRANCS valait à cette époque lointaine une dizaine de mille francs, qu'il avait eu une existence, des abonnés ! Eh bien, non, pas même !

On découvrit à la Bibliothèque Nationale que ce journal n'avait eu que DEUX NUMÉROS avant d'être vendu UN DEMI MILLION volé aux actionnaires du *Crédit general français* par Jules Berthier au profit des Berthier frères.

*L'Argent* parut un beau matin de 1878 et se livra à un éreintement de première classe contre les frères Berthier et l'*Hippodrome*.

Les deux frères Jules et Adolphe achetèrent pour

une *centaine de francs* le journal, avec l'intention première de l'étouffer. Mais les nuits portent conseil, ils se ravisèrent, et, huit jours après, ils le firent paraître avec un sous-titre indiquant qu'il était leur propriété. Et ce *numéro deux* de la $1^{re}$ *année* fut audacieusement marqué $800^{me}$ de la $7^e$ ANNÉE et vendu le même mois 500,000 FRANCS !

Une autre histoire bien jolie est celle de l'affaire des *Réassurances générales.*

Le Tribunal de commerce avait déclaré certaines souscriptions fictives et avait paru mettre en doute et la solvabilité possible et même l'existence d'un nommé Chéron, Chaudron ou Chauvron. D'Erlanger qui a ses raisons pour se rappeler que ce souscripteur est vivant, envoie auprès de lui, à Londres, et se fait remettre une lettre affirmant la réalité du versement et de la souscription.

Voilà l'avoué de d'Erlanger triomphant. Il apporte la lettre à M. l'avocat-général, mais avec cette lettre il y en avait une autre oubliée par un maladroit.

Lequel ?

Or, cette lettre était de l'envoyé du baron d'Erlanger et lui annonçant que, obéissant aux instructions reçues il avait payé 20,000 FRANCS à ce souscripteur pour obtenir de lui cette lettre, et que de plus, il lui avait promis 10,000 FRANCS en cas de gain de procès.

Je crois qu'il faut tirer l'échelle.

Parmi les financiers dignes de figurer dans ce musée Tussaud, il ne faut pas négliger MM. Ch. Savary et Ch. Lalou.

Il est inutile de raconter par le menu l'histoire des malheurs de la *Banque de Lyon et de la Loire*. Elle est suffisamment connue. Ce qu'on sait moins, c'est qu'après le naufrage de cette société, elle devait renaître de ses cendres avec l'illustre Lepelletier sous ce titre: *Crédit de Lyon* à un capital énorme. Fort heureusement pour les gogos, l'absorption du *Crédit de France,* du *Crédit de Paris* et de la *Banque lorraine* par la *Banque de Dépôts et de crédit* empêcha Lepelletier de donner suite à l'affaire. Il était menacé : il reprit ses capitaux versés, *12 millions* ; il n'était que temps.

Ch. Savary, sous le nom de Richemond, en novembre 1882, acheta le *Bien Public*. Cet instrument lui était nécessaire pour mener à bien ses projets. Au bout d'un mois, le journal cessa de paraître, mais il fonda la *Banque de Rhône et Loire* au capital de deux millions de francs avec l'espoir de repêcher les actionnaires de la *Banque de Lyon et de la Loire.*

Afin de ne pas effrayer les futurs actionnaires, le nom de M. Ch. Savary était soigneusement caché. L'affaire tomba en liquidation. L'*Epargne Viagère* administrée par lui sombra également, comme avait sombré l'*Union des Charbonnages, l'Assurance Financière* et les *Coupons Commerciaux.*

Il serait difficile d'établir, même approximativement, les sommes dévorées par les diverses sociétés fondées ou administrées par Ch. Savary. Elles ne lui ont guère porté profits, si nous en croyons les nouvelles que nous fournissent de temps en temps les journaux du Canada où il est réfugié en compagnie d'un autre financier émérite, Onfroy de Veretz, qui a laissé des traces de son passage à la Bourse.

L'histoire de M. Ch. Lalou, qui a joué un si grand rôle sur notre marché financier depuis quelques années, est un régal de haut goût. Elle est un enseignement typique de ce que peut l'audace doublée de l'argent. Ce clown financier a su passer à travers des montagnes de papier timbré, et, nouveau Marius, il trône sur les ruines de l'Epargne française. Ignorant comme plusieurs carpes, il a prouvé que l'instruction laïque, gratuite et obligatoire est une superfétation, que la souplesse, l'aplomb et le manque de conscience suffisent pour arriver.

Les débuts de M. Ch. Lalou sont très curieux. Dans les premières années du régime impérial, grâce à la protection de M. Haussmann, il fut placé au bureau de la salubrité publique. Alors ce bureau dépendait de la préfecture de police ; ce service fut plus tard rattaché à la préfecture de la Seine. M. Ch. Lalou émigra de la rue de Jérusalem à l'Hôtel de Ville et fut casé au bureau de l'*Eclairage*. En ce temps-là, il pouvait chanter avec Béranger : dans un grenier qu'on est bien à vingt ans, car il habitait un grenier rue d'Arcole. Il se fit présenter par un ami au directeur des charbonnages de Bruay. Tout en percevant régulièrement ses appointements à la ville, il se fit courtier en charbons. Tous nous connaissons cet horrible métier qui consiste à monter d'étages en étages, à sonner à toutes les portes et à offrir aux ménagères : « Du bon charbon, meilleur marché. » Que de rebuffades dans une journée ! La ménagère méfiante voit toujours dans le courtier un *allumeur* qui prépare la besogne des *cambrioleurs* en inspectant les lieux. Mais l'homme était tenace, il fit imprimer des prospectus, car il avait une bonne affaire et son commerce prospérait. Un beau jour, grand émoi à la préfecture de la Seine. Un employé supérieur avait reçu par l'intermédiaire d'une dame de ses amies, un des maudits prospectus signé Ch. Lalou, rue Mogador. Le prospectus circula de mains en mains, et son chef demanda son renvoi immédiat. Un personnage influent intervint et tout s'arrangea.

Vint le siège de Paris. M. J. Ferry était maire de Paris, autrement dit Préfet de la Seine. Il ne révoqua qu'un seul employé. Ce fut précisément M. Ch. Lalou. Il avait donc commis des faits bien graves, car à cette époque on n'était pas difficile sur la moralité des employés. Il s'était tout bonnement servi des wagons réquisitionnés pour le *Service public* pour faire entrer dans Paris plusieurs millions de tonnes de charbons qu'il revendait à des prix très élevés aux Parisiens affamés et crevant de froid. C'était un pur patriote que M. Ch. Lalou.

Après la guerre virt la Commune. On intrigua auprès de M. J. Ferry qui annula la révocation, et voici pourquoi M. Ch. Lalou est pensionné de l'Etat pour treize ans de service, à raison de 700 fr. par an !

Il fit là un rude apprentissage au bureau de l'*Eclairage* !

En 1875 il dirigeait, 11, rue Laffitte, le Journal le *Charbon* et une agence financière de charbonnages, dénommée primitivement *Comptoir général du charbon*, laquelle se transforma le 10 octobre 1876 en *Comptoir général des valeurs charbonnières*, au capital de 500,000 fr. Cette société fut le germe du *Comptoir Financier et Industriel* qui fut mis en faillite en 1882, sur le pied d'un capital de 16,000,000 francs.

Le 1er mai 1875, le *Comptoir Financier du charbon* mettait en souscription 5,000 actions sur les bases composant le capital social de la *Société française des charbonnages de Floriffloux*, à 500 fr. avec payements échelonnés, selon la coutume de cette époque, on versait seulement 75 fr. en souscrivant et 125 fr. à la répartition. Le siège social provisoire de la société était établi dans les bureaux du *charbon*, 11, rue Laffitte.

Le prospectus d'émission était des plus alléchants.

Mais qué valaient les *Charbonnages de Floriffloux*, puisqu'avec trois autres concessions, celles de *Moustier*, de *l'Ile de Mormimont*, de *Soye*, ils servaient, quelques mois plus tard, à la création de la *Société des quatre charbonnages réunis de la Sambre*, encore au capital de 3,000,000 de francs ?

Il faut faire remarquer cette étrange anomalie :

Les quatre concessions réunies, y compris *Floriffloux* d'une contenance totale de 1,884 hectares, étaient évaluées à 3,000,000 de fr. ; comment la seule concession de *Floriffloux*, de 507 hectares, avait-elle, en 1875, fait l'objet d'une sòciété au capital de 3,000,000 de fr ncs ?

Mystère et fantasmagorie, mais avec M. Ch. Lalou nous ne sommes pas au bout.

De 1877 à 1881, nous le retrouvons côte à côte avec le fameux Jacques Palotte dans la plupart des affaires créées par la *Banque des Prêts à l'Industrie*, notamment dans la *Compagnie urbaine de vidanges et engrais* et dans les raffineries *Etienne et Cézard*, toutes deux en faillite depuis.

La *Banque des Prêts à l'Industrie* fut funeste à l'Epargne française. En quelques années, *seize* de ses affaires produisaient pour le public une perte de 79,166,150 FRANCS !

M. Ch. Lalou entra alors à la *Banque Nationale*. Il est inutile d'énumérer les opérations de cette banque qui n'avait de *National* que le nom, il me suffira de dire que les pertes de cette banque furent évaluées à 69,650,100 FRANCS !

C'est un joli résultat : les actionnaires avaient passé par le *Bureau de l'éclairage* !

Il y en a encore.

M. Ch. Lalou est l'inventeur du *truc de l'assesseur*. Il n'a rien à envier à Foulc, mais il a été plus favorisé. C'est notre camarade Camille Farcy qui va nous initier aux beautés et à l'honnêteté de M. Ch. Lalou. Cela fut publié dans la *France Libre*.

« Il m'est souverainement pénible, disait notre confrère, d'aborder un sujet plus que délicat, mais je le dois, tant il est nécessaire d'exécuter enfin et définitivement le personnage qui trônait encore au milieu d'une fête, il y a quelques semaines, dans les anciens salons d'Emile de Girardin, dont les enfants sont pauvres aujourd'hui.

« Lorsque M. Jenty, directeur de la *France* après la

mort d'Emile de Girardin, voulut mettre en action ce Journal qui avait été jusque-là la propriété pure et simple de la *Banque Nationale*, il lui fallut convoquer pour être autorisé à le faire, les actionnaires de cet établissement financier. J'avais alors, comme économies de mon travail, une dizaine de mille francs en dépôt. MM. Jenty et Lalou, administrateurs délégués, me demandèrent comme un service de prendre pour quelques jours vingt actions de la *Banque Nationale*, dont je n'aurais pas à subir les hauts ou les bas, afin qu'on put me donner légalement procuration pour trois ou quatre mille titres. On m'appellerait ainsi au bureau comme *premier assesseur* de M. Jenty, en qualité de plus gros porteur de titres, et le *public serait convaincu de l'accord de la propriété et de la rédaction.*

« Au bout de quelques semaines, les titres ayant baissé, je priai M. Jenty de les reprendre, selon ce qui était convenu, et de me restituer mon dépôt. Il promit de le faire sous trois ou quatre jours, mais il tomba malade. Je ne le vis plus, il mourut.

« M. Ch. Lalou s'empressa de me rassurer et s'engagea SUR L'HONNEUR à arranger la chose dès que la *Banque Nationale* ferait la moindre affaire.

« Mais les cours s'effrondrant, je réclamai avec plus de force. Vingt fois M. Ch. Lalou me donna sa PAROLE D'HONNEUR de me rembourser, mais vint ma sortie de la *France*.

« — Au fond, me dit-il, je ne dois pas cela. JE N'AI RIEN ÉCRIT. De cette façon, du reste, l'indemnité que nous versons est plus que rattrapée.

« Victime d'un pareil procédé commis par un millionnaire contre un écrivain vivant de sa plume, devais-je, oui ou non, répondre ?

« J'ajoute que si M. Ch. Lalou ne se tait point et manifeste encore un reste d'assurance, je raconterai par le menu l'histoire de son passage à la *Banque Nationale.* »

Camille Farcy est mort et M. Ch. Lalou s'est tu !

Qu'aurait pu dire le pauvre Farcy de plus éloquent que les chiffres des pertes que la *Banque Nationale* a fait subir aux rentiers ? Peut être alors eut-il pu ajouter ceci : Du rapport de M. Normand, syndic de la faillite de la *Banque Nationale,* sur la gestion de M. Ch. Lalou, il résulte que cet établissement a perdu 2,500,000 fr.

pour avoir consenti à M. Ch. Lalou un prêt sur des titres dont il est propriétaire !

M. Ch. Lalou essaya de mettre la main sur le *Petit Journal*. Ce tripotage fit grand bruit en son temps : ses combinaisons furent déjouées.

Il essaya aussi de fusionner le Journal *Paris* avec la *France*. Voici à ce sujet un billet qu'il écrivait à M. Veil-Picard, propriétaire du Journal *Paris*. Il nous donne la mesure de l'ortographe de celui qui a pris si délibérément la place du Maître que nous regrettons tous :

« Je vais *allé* au café de la paix dans 1/2 heure. Prenez un *cabines !!*

Le 24 avril 1844, MM. Paul Kruger, du Toït et le général Smit, tous trois délégués du Transwaal vinrent à Paris. La renommée d'Emile de Girardin était parvenue jusqu'à eux, aussi exprimèrent-ils le désir d'être présentés à l'illustre publiciste. Ils ignoraient que Girardin était mort depuis trois ans. La personne chargée de les piloter à travers Paris, je ne sais pourquoi ne les détrompa pas ; au contraire elle leur promit de les conduire chez le journaliste. On prévint

M. Ch. Lalou. Ce dernier qui se croit l'héritier, le continuateur de Girardin, parce qu'il habite son hôtel, son château, qu'il dirige la *France*, qu'il a conservé la couleur de ses voitures, sa livrée, tressauta de joie. Comme le dit fort spirituellement alors un journal, le *Mercure*, directeur de la *France* allait donc être pris au sérieux pour quelques heures. La franche naïveté des Boërs le vengerait des railleries continuelles des Parisiens. « Ah ! Les Français se refusaient à le considérer sous le nom de Ch. Lalou et sous les plus multiples aspects : politique, financier, industriel, trafiquant !.. »

Il les reçut à la *France*. Il se fit faire une tête, avec la fameuse mèche. C'était à se méprendre. Girardin était ressuscité. Entouré de sa rédaction, il leur fit un petit discours, tout petit, tout petit ; car, s'il n'écrit pas, il parle encore moins. Il trouva néanmoins le moyen de commettre une bévue énorme, une gaffe numéro un, en disant aux Boërs : « qu'ils avaient eu la bonne fortune d'appliquer sans passer par nos luttes intestines les doctrines de la démocratie ? »

Les Boërs n'ont pu conquérir leur territoire et leur indépendance qu'en repoussant successivement les

Anglais et les Caffres au nord et au sud, décidément M. Ch. Lalou connaît mieux la valeur — majorée — des titres que celle des mots !

Le plus joli de l'histoire c'est que les Boërs, en prenant congé, souhaitèrent de longs jours à Emile de Girardin. Depuis ce jour il est de plus en plus persuadé qu'il a, en prenant la *France*, hérité du talent de son prédécesseur !

Pour un financier habile, j'espère que M. Ch. Lalou en èst un. Ce petit exposé de ses talents de société le prouve. Que dis-je, un homme habile, c'est merveilleux qu'il faudrait ajouter, car il a la science des chiffres. Dame ! Quand on a passé treize ans au *Bureau de l'éclairage.*

Les actionnaires ne se guérissent pas. Le 29 mai 1884 il convoqua les actionnaires de la *France*, la convocation officielle portait : — *remploi* de l'excédent des comptes, *profits et pertes* ; or il n'y avait point de *dividendes.* Comment M. Ch. Lalou pouvait-il faire un remploi ?

Après tout ça, on va se demander comment M. Ch.

Lalou n'a pas passé au moins dix fois en correctionnelle ?

Etrange ! Etrange !

Loin d'avoir été inquiété, il a été un moment question de le décorer. On n'a pas osé, mais cela viendra.
En attendant, si vous voulez l'explication des lignes
précédentes, lisez la collection du journal la *France*
et vous comprendrez pourquoi M. Ch. Lalou, affec-
tionne ce refrain célèbre :

> Pour gagner la pièce ronde
> N'saut' point-z-à demi,
> Paillas' mon ami,
> Saute pour la... *République.*

# XI



On voit presque tous les jours, en haut des marches de la Bourse, un personnage bien couvert. En hiver, pelisse de fourrure, aspect d'un boyard, en été vêtu gris clair à la dernière mode. Dans les dernières années de l'Empire et dans les premières de la République, il était renommé pour ses attelages luxueux ; il faisait sensation les jours de course et aux heures du bois. Il était recherché, fêté, envié. On se *l'arrachait*. C'était un banquier de *contre-partie*.

En 1881, il fonda la *Banque foncière de France*, mais quelques mois plus tard il fut déclaré en faillite avec un léger passif de un million 50,000 francs.

Ce désastre supporté par un grand nombre de petits rentiers n'éloigna pas de lui le gogo. Au contraire. Il recommença et l'argent afflua dans ses caisses. Il fit bâtir un hôtel sompteux, rue Chauchat. Au fronton, tout comme aux Tuileries autrefois, on peut voir encore aujourd'hui son chiffre sculpté dans la pierre, un N entrelacé dans un C : *Nicolas Cordier*.

A son grand regret, il fut forcé d'abandonner ce sompteux hôtel. Ce fut le grand Lepelletier qui s'en empara et y installa le *Crédit de Paris*, mais l'hôtel avait le guignon.

M. Nicolas Cordier fut arrêté en septembre 1884. Le parquet lui reprochait d'avoir dilapidé *deux millions*.

Il passa en mai 1885 devant la 11e chambre correctionnelle et fut condamné à 13 mois de prison.

A l'audience, tous les témoins plaignants y déclare-
rent retirer leurs plaintes, « espérant que M. Cordier,
remis en liberté, pourrait plus facilement leur restituer
leurs fonds ! ! »

Décidément les gogos sont une race incorrigible.

C'est ce qu'avaient fort bien compris une bande de
coquins très connus autour de la Bourse.

Ils louèrent à un placeur l'agence qu'il tenait depuis
plusieurs années rue Joquelet n°2. Ils y installèrent un
de leurs associés M. Bebelmans. Celui-ci prit le titre
de directeur. Il inonda Paris de prospectus ; il fit des
annonces. Bref, quand une personne en quête d'em-
ploi, se présentait, il le mettait en rapport avec deux
de leurs complices, nommés Bartet et Chaudron,
qui lui faisait verser un cautionnement variant de 500
à 2000 francs. Comme ils étaient instruits par l'expérience, ils lisaient la *Gazette des tribunaux* avec soin.
Ils savaient que le parquet ne rate pas le *vol au cautionnement*. Ils avaient perfectionné ce vol qui se trans-
formait en *vol à l'intéressé*. Le parquet ne peut que
plaindre les imbéciles qui s'y laissent prendre, mais

ne peut poursuivre les voleurs. C'est un contrat consenti, d'une simplicité antique. Si la dupe se plaint,
le filou lui répond :

— Vous vous êtes intéressé à mon entreprise pour
une somme déterminée. Si elle avait réussi, auriez-
vous encaissé le bénéfice?

— Certainement.

— Alors vous participez à la perte.

Le tour est joué.

Lorsque le client paraissait avoir quelques ressources, ils l'adressaient de préférence à un nommé Abaffour également leur complice. Cet individu dirigeait
rue Saint-Georges, n° 50, une agence véreuse connue
sous le nom de *Crédit Mutuel*.

Abaffour faisait verser comme garantie au nouveau
venu toutes les valeurs qu'il pouvait avoir en sa pos
session, valeurs qu'il s'empressait de faire vendre à la
Bourse par un autre complice, puis tous partageaient.

Tant va la cruche à l'eau qu'elle se casse, dit le proverbe. C'est ce qui arriva, un changeur nommé Lévy
(juif et changeur!), qui s'y était laissé prendre, déposa
une plainte et Bartet et Abaffour furent arrêtés.

Les trois autres complices furent arrêtés dans des

circonstances curieuses. Ils étaient venus au Palais de Justice, dans le but d'obtenir d'une façon détournée des renseignements sur l'affaire. A point nommé, ce jour-là, le juge d'instruction avait convoqué à son cabinet, les nombreuses dupes de cette bande d'escrocs. Elles les reconnurent et les arrêtèrent.

Lorsque le commissaire de police pratiqua une perquisition dans le bureau principal, rue Joquelet, il fit des découvertes étranges. Il trouva des titres que jamais la cote officielle ne connut, notamment des actions du *Télegraphe sous-marin de l'Amérique* CENTRALE !

Il y avait 40 francs en caisse !

On en trouva un peu moins dans la caisse du *Crédit Communal de France*, lorsque cette affaire sombra. Il faut se hâter d'ajouter que dans cette affaire il y avait deux maîtres : Paulin Caperon et Lepelletier.

Dans ces entreprises, dans ces Sociétés fondées avec tant de tapage, à grand renfort de publicité, qui viennent échouer misérablement sur les bancs de la correctionnelle le but, le but unique c'est l'émission des obligations. Le *capital-action* devient de plus en plus difficile à récolter. Aussi l'on ne recherche plus l'actionnaire que pour avoir une apparence de fonctionnement un *capital-fantôme*, une affaire enfin ; puis, c'est aux obligataires que l'on s'adresse en s'appuyant habilement sur les apparences que l'on a si habilement créées.

Voilà en peu de mots l'histoire du *Crédit Communal de France*. La Société avait légalement son siège à Genève. La maison de Paris n'était qu'une succursale, et, il arriva que deux obligataires mécontents, délégués d'un groupe d'actionnaires et d'obligataires non moins mécontents, voulurent savoir ce que c'était que le siège social en Suisse.

Ils arrivèrent à Genève. Ils trouvèrent une maison vide, des bureaux fermés, dont une voisine voulut bien leur ouvrir la porte, ayant habituellement la clef chez elle. Les délégués apprirent que ces bureaux n'avaient jamais été ouverts. Ils firent traite sur la Société pour une somme de 600 francs et la traite leur fut retournée impayée faute de fonds.

Voilà quel était le siège principal.

Pour avoir des actionnaires, Caperon disait à Lepelletier :

— S'il vous faut une liste d'actionnaires, prenez les noms dans le *Bottin*.

De sorte que les souscriptions étaient purement fictives, l'on y trouvait les noms les plus honorables : M. Lefèvre-Pontalis, le général Ladmirault, etc. etc., qui, comme toutes les autres personnes portées sur la liste, furent bien étonnés d'apprendre qu'ils étaient actionnaires du Crédit Communal.

La succursale n'était guère mieux établie que le siège principal. Quand on pratiqua une saisie dans les bureaux il y avait en caisse 13 francs 50 centimes !

Le capital social du Crédit Communal était de *vingt-cinq millions de francs*.

Les obligations dont le cours nominal était de 62 francs 50, remboursables à 100 fr. valaient en Bourse 15, 12 et 10 francs et la Société payait par an 3 francs d'intérêts !

Le jour où les scellés furent mis au siège de la Société il ne restait que *soixante-cinq centimes* sur 19,600,000 francs.

Tous furent condamnés !

Après le *Crédit Communal de France*, voici la *Caisse générale des Communes de France*. Cette Société est tout un poème.

Un ancien garçon d'hôtel nommé Clomesnil en était le directeur ; l'agent général, Leguilcher, était un ancien garçon coiffeur. Ce dernier avait imaginé une circulaire qni ne le cède en rien aux plus célèbres boniments des grands faiseurs. En voici un passage ..

— « Nous vendons à crédit moyennant des versements de 5, 10, 15, 20 francs les obligations à lots françaises, notamment celles du Crédit Foncier. Ce mode d'acquérir permet à tout le monde indistinctement, aussi bien aux petites qu'aux grandes bourses, de profiter des avantages offerts par lesdites obligations, moyennant le payement mensuel de 5 francs, engagement facile à remplir, car il leur suffira d'économiser sur le produit de leur travail quotidien une faible somme de 17 centimes !

« Quel est le travailleur, aussi peu rétribué qu'il soit, qui ne puisse s'imposer un si faible sacrifice, même sur ses dépenses journalières ! Vouloir c'est pouvoir, dit un vieux proverbe, et certes, c'est là une maxime qui ne saurait être mieux employée qu'en cette circonstance, car de cette retenue journalière peut dépendre toute une fortune à venir. »

Un grand nombre d'employés de chemin de fer se laissèrent séduire par ces magnifiques promesses. Ils croyaient bonnement que la fortune allait leur arriver par le train-éclair.

Les deux complices ramassèrent une assez jolie somme, grâce à l'agencement habile de l'engagement qui simulait une obligation du Crédit Foncier.

Cette pièce était ornée de vignettes fort engageantes représentant la fortune, distribuant ses faveurs. Les mots *Crédit Foncier de France* étaient en vedette. A la place des coupons il y avait : Bon d'intérêt pour deux deux francs. C'était un véritable trompe-l'œil. Les clients, ne recevant pas leurs titres, portèrent plainte et le garçon d'hôtel, ainsi que le garçon coiffeur, en attrapèrent ; le premier pour trois mois, le second pour un mois.

Un apprentissage qui ne leur a pas coûté cher !


Leconte sortait de Poissy. Il avait amassé un pécule de 200 francs environ, gagnés à fabriquer des boîtes d'allumettes et à illustrer des abats-jour. Sur le boulevard des Italiens, il fit la rencontre de quatre gaillards, Thorin, Audran, Lucas et de Kelly. Ils convinrent de fonder une société : *la Société générale financière*. Cette Société ne se moucliait pas du pied. Elle voulait : le relèvement et le soutien des valeurs financières et industrielles et la vente de valeur rapportant *24 0/0* !

Grande entreprise s'il en fut.

Leconte, qui était un entreprenant, fonda rue Saint André-des-Arts une brasserie à femmes, à l'enseigne de la *Grenouille financière*.

Les murs de cette brasserie étaient tapissés de bas en haut avec des titres tombés. C'était un livre ouvert, fort instructif pour l'histoire de la finance moderne.

La *Société Générale Financière* avait son siège rue des Ecoles. Avec ses 200 fr. et quelques sous fournis par les complices, Leconte avait garni l'appartement de divers meubles d'occasion, et de quelques bureaux démantibulés.

L'installation était complétée à l'aide d'inscriptions sur chacune des portes.

Sur la porte d'entrée, il y avait une plaque en cuivre

avec ces mots : *Société Générale Financière au capital de 1,500,000 francs.*

A l'intérieur, on voyait d'autres plaques qui portaient : *Comptabilité, Bureaux des renseignements, archives, direction, sous-direction, secretariat général.* etc.

Il est inutile de dire que toutes ces indications étaient absolument fantaisistes. Une pourtant faisait honneur à l'imagination de Leconte. La porte sur laquelle se trouvait la mention : *Archives* était celle des lieux d'aisance. Quand ces Messieurs étaient en veine de plaisanter, à la suite de réclamations violentes d'un client, ils disaient :

— Nous l'enverrons aux archives !

L'opération était simple comme bonjour. Quand les gogos arrivaient pour acheter des valeurs on leur remettait, en échange de leur argent, des kilos de titres, semblables à ceux qui garnissaient les murs de la *Grenouille Financière.* Quand ils réclamaient leurs versements, on leur offrait de nouveaux kilos de titres. S'ils insistaient pour rentrer dans leurs fonds, un des complices qui remplissait les fonctions de garçon de bureau les jetait à la porte. Cela ne pouvait durer longtemps. Un officier de Tours, auquel la bande avait volé 4,000 fr. déposa une plainte et le commissaire de police vint suivant la coutume pratiquer une perquisition. Quand il se présenta, il adressa cette question à la concierge :

— Que fait donc M. Leconte ?

La concierge qui avait reconnu le commissaire et ne voulait pas nuire à son locataire, réfléchit quelques instants, puis répondit :

— Il reçoit du papier timbré !

A l'audience, on eut l'explication de la fondation de la brasserie de la *Grenouille Financière*. Un témoin, courtier marron, vint déclarer qu'il s'occupait de l'achat des petites valeurs qui se négocient au *marché des pieds humides* de 0, 25. à 2 fr. au maximum et qu'il les revendrait avec 20 0⁄0 de bénéfices.

Dans les derniers temps il ne voulait plus faire d'affaires avec les directeurs de la *Société Générale Financière*, par ce que ces derniers ne voulaient leur payer chaque titre que 0, 10 cent. sous prétexte qu'ils voulaient en tapisser les murs du café de la *Grenouille Financière*.

La brasserie n'était qu'un prétexte pour masquer leurs opérations.

Un vieux proverbe dit : a beau mentir qui vient de loin. L'histoire du financier Ménier (Louis) va nous le prouver.

Il habitait une maison, rue Montmartre, à l'entresol. Sur les vitres dépolies, les passants pouvaient lire cette inscription gigantesque : *Société Civile du Sahara.*

Cette société fondée primitivement au capital de 200,000 fr., le porta six mois plus tard à 500,000 fr.

Le directeur de la société fonda deux journaux, la *France populaire et le Sahara.* Ce dernier journal publiait en feuilletons : *l'Histoire des souverains du Sahara* et la *France populaire,* pour exciter ses lecteurs à souscrire, publiait des articles merveilleux sur les résultats qu'atteindrait la société, quand les terres du Sahara seraient devenues fertiles par un nouveau système d'irrigation.

Cette feuille rompait avec les usages des journaux qui offrent en primes, à leurs abonnés, des montres à remontoirs qui ne marchent pas, des bagues et des bracelets en *toc,* des réveils-matin qui ne sont pas repassés, des lorgnettes si puissantes qu'elles sont troubles, offrait à ses abonnés de trois mois... cinq hectares de terres dans le Sahara !

Il aurait vraiment fallu ne pas avoir dix francs dans sa poche pour ne point se payer le luxe de devenir propriétaire d'un domaine situé plus loin que Bois-Colombe, il est vrai, mais dans un pays où il n'y a pas de voisin.

Malgré ces avantages splendides, les souscripteurs furent rebelles et M. Ménier ainsi que son associé passèrent devant la 11ᵉ chambre correctionnelle.

— Comment, demandait le président à Ménier, avez-vous traité pour vous assurer la propriété des terres du Sahara que vous avez mis en Société ?

— C'est bien simple, répondit Ménier, j'ai acheté moyennant 2,500 fr., à un caïd, une étendue de terrain plantés et irrigués, avec cette délimitation :

*Terres s'étendant aussi loin que l'œil peut voir.*

— Alors c'est à l'œil que vous avez acheté, dit le président. Je serai en ce cas curieux de savoir pour connaître l'étendue de vos propriétés, si vous êtes myope ou presbyte ?

Ménier attrapa 2 ans de prison qu'il ne fit pas à l'œil.

Parmi les plus brillants faiseurs, M. Ch. Duval tient le premier rang. Il fut le fondateur de la *Société Française financière*, 18, rue de la Chaussée d'Antin.

Ch. Duval laissait croire, pour mieux *affuter* le gogo, qu'il était chevalier de la Légion d'honneur et ancien officier. Il avait bien été soldat, mais parvenu au grade de sergent-major, par une décision et datée du 13 mars 1858, signée du Colonel Paulze d'Ivoy, il avait été cassé pour abus de confiance au préjudice de l'ordinaire de la compagnie. Il avait, comme on dit vulgairement : « mangé la grenouille. » C'était d'un excellent présage pour les futurs actionnaires.

Il fut replacé sergent au 2e bataillon en garnison à Coléah (Algérie).

Dégoûté du service militaire (on le serait à moins) il vint à Paris et acheta moyennant 1,200 fr. le *Journal des Tirages financiers*.

Quelques temps plus tard, il fit la connaissance d'un marchand de vins de Bercy nommé Gendrey qui lui prêta 100,000 francs !

Ce furent les premiers fonds qui servirent à fonder la Société, dont Gendrey devint administrateur.

Duval se fit décorer d'une foule d'ordres étrangers et comme il se faisait passer pour un ancien officier retraité, il réussit à se constituer une grande clientèle d'officiers.

L'intérieur des bureaux de la *Société Française Financière* présentait un spectacle réjouissant. Les bureaux regorgeaient d'officiers retraités, tous décorés. Le caissier lui-même était décoré. Chose particulière, par modestie sans doute, il ne portait pas sa décoration à la ville. C'était un chevalier en chambre !

Duval constitua d'abord la société au capital de 1,500,000 francs. Pour des appétits semblables, c'était une bouchée de pain. Aussi il l'augmenta peu à peu et ce capital arriva au chiffre de 25 millions. C'était un *ordinaire* dans lequel il y avait de quoi fricoter !

Il ne s'en fit pas faute, car après quelques années, il prit la fuite, laissant un passif de *cinq millions* et toutes les affaires qu'il avait patronnées, en faillite !

C'était un gaillard qui « faisait grand. » Il avait avec l'argent des gogos acheté l'ancien château de Nélaton, pour 700,000 francs ; un hôtel rue Bassano pour

1,700,000 francs ; mais il avait eu soin de faire hypo-
théquer ces deux propriétés pour une somme de
1,500,000 francs au profit de son beau-frère.

Il avait encore acheté le château de Malnoue qui
renfermait une collection de tapisseries estimées,
300,000 fr.

Après la fuite de Duval, la Banque fut fermée.

Un non moins célèbre financier fut Ch. Pommier.

C'est curieux ce qu'il y a de Charles parmi les filous,
mon patron doit en être affecté !

Ch. Pommier est l'inventeur du *truc de l'assurance
forcée*. Pour exécuter son plan, il fonda une société
sous ce titre *La Fortune*.

C'etait un appât succulent, un piège habile pour attirer dans les bureaux de la compagnie *La Fortune*, la
foule des besogneux et des crédules par l'annonce de
prêts à taux modérés.

La fondation de la société de prêts et crédits *La Fortune*, sœur jumelle de la société d'asssurances *La Fortune*, n'avait pas d'autres raisons d'être. En vertu des
articles 5 et 6 des statuts, la société pouvait prêter aux

particuliers, mais elle ne devait prêter qu'aux assurés de *La Fortune*.

C'était habile : attirer le public qui accourait emprunter sans jamais songer à s'assurer ; faire souscrire par l'attrait de l'emprunt en expectative, des polices, et verser des primes, tel était le plan de Ch. Pommier, conçu et exécuté avec une rare audace et une fécondité de ressources inépuisables.

La combinaison du prêt et de l'assurance n'avait en soi rien d'illicite. Elle aurait pu être loyalement exploitée, mais c'est en faisant des promesses de prêts une amorce trompeuse pour attirer l'assuré, que Ch. Pommier trouva le moyen de recruter en peu de temps, dans toutes les classes de la société, un nombre de dupes considérables.

Des insertions dans les journaux annonçaient au public l'offre de prêts à 5 o/o, avec indication d'un nom et d'une adresse.

Ce nom n'était ni celui de la Société ni celui de son directeur, mais un nom d'emprunt.

Les naïfs qui répondaient à cet appel étaient adressés aux bureaux de la compagnie *La Fortune*, où ils se trouvaient en face de Ch. Pommier. Ils exposaient leur situation, mais on leur faisait signer, au préalable, une *police d'assurance*, soit contre l'incendie, les maladies, les risques d'accidents, le bris des glaces. Ils signaient en même temps une demande d'emprunt dont la formule imprimée comportait un questionnaire auquel ils devaient répondre.

Quelquefois la Compagnie demandait par lettre de nouveaux renseignements. Puis *l'assuré* était informé, sous un prétexte d'insolvabilité ou de défaut de garanties qu'il était facile de trouver, soit dans la demande, soit dans les renseignements fournis, que sa demande d'emprunt était repoussée.

De nombreuses citations des articles des Codes y cherchaient à masquer la banalité des raisons.

Le plus souvent, on avait exigé, avant la réponse, le versement de la prime.

Si *l'assuré* était commerçant, on lui demandait comment, réalisant des bénéfices, il avait besoin d'emprunter ?

S'il n'offrait pour toute garantie que sa situation commerciale on lui répondait en lui citant les articles 528 et 529 du Code Civil qu'il s'agissait de meubles qui ne pouvaient être affectés à une garantie (art. 2076) et grevés du privilège du propriétaire (art. 2102).

Les plaintes ne tardèrent pas à affluer au Parquet.

Les 72,000 fr. encaissés comme primes avaient disparu.

Charles Pommier et ses complices furent déférés au Tribunal correctionnel qui les acquitta.

Charles Pommier était un ancien avoué à la Cour d'appel qui a dû se démettre de ses fonctions. Son nom fut prononcé dans un procès célèbre ; il s'agissait je crois de l'assassinat d'une vieille femme. L'un des assassins avait été son *chouard* préféré.

Le plus joli dans l'affaire de *La Fortune*, c'est que, si les *assurés* s'apercevaient qu'ils avaient été dupés et refusaient de verser les primes, Pommier leur écrivait en les menaçant. Il dénonça un pauvre juge de paix du garde des sceaux et un malheureux officier à son colonel.

De ce long défilé de gredins à différents titres, ressort un triste enseignement. Les chefs d'accusation qu'on peut relever contre ces coquins étant considérés comme simples délits d'escroqueries, ils ne sont passibles que de peines correctionnelles, et quand ils mettent la frontière entre eux et la justice, la loi ne peut les atteindre puisqu'il n'existe pas de traité d'extradition en matière correctionnelle.

Grâce à l'imprévoyance des anciens législateurs et à l'incurie des nouveaux, les honnêtes gens sont à la merci des escrocs et des voleurs.

A quand la réforme sur la loi des sociétés ?

Si on n'y prend garde, tous ces voleurs impunis finiront par ébranler le crédit public : il ne tient déjà qu'à un fil. Une bonne loi est nécessaire, car la police chargée de la surveillance des maisons financières n'a jamais su ni prévenir une catastrophe, ni sauvegarder monsieur Crédule !

XII

La petite Bourse. — Les Juifs errants de la finance. — La Petite Bourse en garni — Et le Code pénal ? — Le jeu c'est le crédit de l'État. — Circulez, messieurs, circulez. — Tous filous. — Le neveu de Georges Cadoudal. — Un trait d'audace. — Un trait d'esprit du baron de Rothschild. — La fortune pour une leçon de politesse. — Papa Tivoli et les trottins. — Le coup du carottage. — Le coup du Code civil. — M. Grattelard. — Le coup de la prime. — Pas gentleman. — Un amour sénile. — *Pene crexit domum*. — Le baron à la loupe. — Une partie de bézigue chinois. — Un carnet à la guitare. — Un mot de M. de Morny. — La mine du père Billion. — Le suicide de M. Banès. — M. Neustadt, M. Lefèvre, M. de Saint-Roman.

Pendant les Cent Jours et après Waterloo, les rentes financières subirent des fluctuations énormes. Alors il n'y avait pas de journaux et le télégraphe aérien n'était guère diligent : les spéculateurs, avides de renseignements, prirent l'habitude, pour se tenir au courant des nouvelles, de se réunir, le soir, dans le jardin du Palais-Royal. Par une pente insensible, les Boursiers firent quelques transactions. Peu à peu elles grandirent et devinrent une habitude. De là l'origine, de la petite Bourse.

Sous la restauration, sous le régime de Louis-Philippe, sous Napoléon III, les agents de change portèrent de nombreuses plaintes contre ces réunions de spéculateurs, qu'ils considéraient comme lésant leurs intérêts et atteignant leur monopole.

La petite Bourse fut chassée du Palais-Royal. Elle s'installa en dedans des grilles de la Bourse. Les agents de change considérant le temple grec comme leur propriété personnelle firent simplement fermer les grilles.

Obstinés comme tous les joueurs, les spéculateurs formèrent un groupe, sur le trottoir, devant la Bourse. Il fallut avoir recours à la force pour les disperser. Ils émigrèrent boulevard des Italiens devant le Passage de l'Opéra et dans le Passage. C'est à cette époque, de 1866 à 1870, que le marché y fut le plus animé. Parmi les spéculateurs, on voyait le grand Merton qui sauta plus tard de vingt millions : Merton avait pour représentant M. Antonio Ezpeleta. Le représentant des Rothschild était un habitué, Juteau, surnommé par Castorine, le maréchal des Primes. Il y venait aussi Zabban, les Lunel, Osiris Yfla. Les jours de grande bataille, la foule était considérable au boulevard. La plupart des agents de change venaient, comme le commun des mortels, y traiter des affaires considérables.

Encore une fois dispersée, la petite Bourse revint devant le Palais de la Bourse. Elle y resta quelque temps en paix.

Un groupe de spéculateurs, pour faire cesser tous ces déplacements, voulut louer un local pour se réunir, être enfin dans leurs meubles ; l'autorisation leur fut refusée par la préfecture de police sous prétexte que ce groupement, s'il était autorisé, constituerait une véritable maison de jeu !

Le Crédit Lyonnais ayant fait construire, sur le boulevard des Italiens, le magnifique immeuble que tout le monde connaît, mit à la disposition des boursiers errants son *Hall* où ils se réunissent tous les soirs.

Cette fois ils sont en paix ; mais ils ne sont qu'en garni !

La préfecture de police ferme les yeux, — ce qui fait dire aux farceurs que c'est une bourse de tolérance. On ne voit pas bien le motif pour lequel la préfecture de police n'applique pas la loi. Elle est pourtant formelle, car l'article 421 du Code pénal a prévu le cas où des paris seraient faits sur la hausse ou la baisse des effets publics, et l'article 419 dit que les parieurs seront punis d'un emprisonnement d'un mois au moins et d'un an au plus !

Et que fait-on à la petite Bourse ?

La salle de gauche, en entrant, est réservée au marché de rente française. A droite, se tient le marché des valeurs ottomanes, les fonds autrichiens, égyptiens et autres fonds étrangers.

Aucune opération ne *s'y traite au comptant ;* toutes les valeurs y sont traitées en liquidation, soit ferme, soit à prime.

Il ne s'y échange ni ne s'y livre aucun titre. Les *différences* seules s'établissent par la situation des cours et sont *réglées en espèces,* suivant la nature des titres, soit à la liquidation de fin de mois, soit à celle de quinzaine.

Il y a dans cette manière d'opérer une double infraction à la loi.

De grosses discussions ont été élevées à ce sujet, dans nos différentes assemblées législatives. La plus sérieuse eut lieu en 1862 à propos de la modification de notre Code de commerce, le rapporteur M. Larrabure, terminait son rapport par cette conclusion : — « que les marchés à termes de la Bourse étaient non-seulement utiles, mais nécessaires et que les interdire serait frapper au vif le crédit de l'Etat. »

Je me demande ce que le crédit de l'Etat a à voir comme solidité avec des gens qui échangent à période fixe des sommes d'argent qu'ils fourrent tranquillement dans leurs poches ?

Rien assurément.

Mais en France, la loi est faite pour être violée, ou appliquée selon le bon plaisir ou l'intérêt de l'autorité.

C'était un spectacle bien pittoresque et bien curieux que la petite Bourse, lorsqu'elle se tenait boulevard des Italiens. Vers huit heures du soir, le boulevard était encombré d'une foule houleuse, nerveuse, agitée. C'était un flot de chapeaux noirs. Les pauvres boutiquiers ahuris se désolaient ; ils ne vendaient rien, car les passants n'osaient s'aventurer au milieu de ces démoniaques. A cette exception près que les paletots de fourrures remplaçaient la camisole de force, on se serait cru dans le Quartier des agités à Charenton ou à l'asile des Quatremace : mêmes cris, mêmes gestes désordonnés, mêmes visages décomposés par l'anxiété et la colère.

De temps en temps, des sergents de ville, par quatre, avec un brigadier, s'avançaient de front, poussant devant eux la masse qui résistait par la force d'inertie:

— Circulez, Messieurs, disaient-ils doucement.

Ils circulaient, mais pour se reformer derrière les agents, qui recommençaient à crier: « Circulez », mais cette fois plus fort. Ce manège se répétait jusqu'à la fin, vers neuf heures ; plus tard, lorsque de graves événements étaient prévus ou annoncés.

Il arrivait parfois que des collisions violentes, même des rixes s'élevaient entre les boursiers et les passants furieux d'être forcés de piétiner sur la chaussée, dans la boue, depuis la rue Drouot jusqu'à la rue Lepelletier.

Un soir ; le groupe des coulissiers était très animé,

le boulevard était si encombré qu'on ne voyait pas les boutiques ; deux passants jouaient des coudes pour se frayer un passage à travers la foule.

— Qu'est-ce que tout ce monde-là, disait l'un des passants à son ami.

— Tout ce monde-là, répondit l'autre passant ; tous filous !

Ces paroles furent entendues de MM. Adelton Waill et Alphonse Lange, tous deux forts coulissiers.

M. Waill reconnut celui qui avait prononcé ces paroles. C'était le neveu du fameux Georges Cadoudal, un hercule. M. Waill releva l'injure et à son tour traita Cadoudal de la belle façon. Aussitôt la bataille s'engagea ; les coups de cannes tombèrent drus comme grêle sur les combattants ; les chapeaux furent en pièces en un instant. Enfin, les sergents de ville arrivèrent et conduisirent les combattants chez le commissaire de police. Ce magistrat les renvoya dos à dos, mais un duel termina l'aventure.

Le hasard et l'audace ont souvent fait la fortune de quelques boursiers. M. B..., un ancien remisier bien connu à la petite Bourse, en est la preuve.

B... portait chaque jour, comme beaucoup d'autres,

la cote au baron de Rothschild. Un jour le malheureux arriva chez le baron et lui présenta, comme d'habitude, la cote du jour. Le baron la regarda, puis la jeta brusquement à terre sans dire un mot.

La cote n'était pas au cours !

Le remisier ne bougea pas.

— Eh bien ! Qu'attendez-vous ? dit le baron.

— J'attends, monsieur le baron, que vous me ramassiez ma cote.

Le baron le regarda ; puis, sans prononcer une parole, se leva, ramassa la cote et la donna au remisier.

Le remisier remercia et sortit.

Vous pensez peut-être qu'il n'osa pas revenir chez le baron ? Ce serait une erreur. Il était de la grande famille des baptisés au sécateur. Il revint le lendemain comme de coutume, mais cette fois, sa cote était bien au cours. Il la présenta au baron qui ne fit aucune allusion à la scène de la veille.

La leçon de politesse qu'il avait donnée au baron fit sa fortune, car il devint par la suite son premier remisier.

Un type curieux de la petite Bourse, c'était *papa Tivoli*. Toujours correctement vêtu de noir, cravaté de blanc, il trottinait comme un lapin sur l'asphalte. Petit, maigre à faire peur, il avait une vraie figure de fouine. C'était le boursier joyeux, toujours un refrain égrillard sur les lèvres. Il saignait un client en lui racontant une histoire folichonne. Il avait la manie du *trottin* et, plus d'une fois, on le rencontrait barbottant dans la boue, portant gravement le carton de mode de la fillette, mal chaussée, mal vêtue, qui grignottait des bonbons ou des gâteaux en jetant à la dérobée un coup d'œil railleur sur papa Tivoli.

Il appartenait aussi à la grande famille des sans-patrie et avait appris les ficelles du métier avec le grand Mirès. Il avait plus d'un tour dans son sac. C'est lui qui m'a appris ce que signifie en langage de Bourse l'expression de *carottage*.

*Carottage !* C'est le vol avec abus de confiance ni plus ni moins ; cela n'est pas étrange à la Bourse puisque c'est la succursale de la forêt de Bondy.

Le client est presque toujours *refait*. Il est rare quand les cours subissent des variations précipitées, que la réponse au client soit conforme à l'exécution. Le commis, le *teneur de carnet* ou le remisier a *carotté* quelques francs ou quelques centimes. Le *teneur de carnet* est d'autant plus autorisé ou encouragé à le faire que généralement il est intéressé. Ce *carottage* est plus poliment nommé : *le compte maison*.

Même au comptant, le client est *carotté* sur le cours moyen, qui, la plupart du temps, est fait *à la gomme*.

Aussi à la coulisse, un *teneur de carnet*, ou liquidateur, trop consciencieux, n'est pas réputé pour un homme intelligent.

Je pourrais citer un boursier célèbre qui mit séance tenante son commis à la porte, parce que ce dernier s'était refusé à passer, non pas une écriture de *carottage*, mais à falsifier une réponse de prime qui devait rapporter 50,000 francs de bénéfices à la maison. (Aussitôt le départ du commis), le changement fut fait.

Je vais bien plus vous étonner ce commis trop scrupuleux n'a jamais pu se replacer dans aucune maison de Bourse. Il a dû quitter ce métier !


Le client, qui finit par apprendre à ses dépens, rend

quelquefois la pareille au boursier. Il le *carotte* à son tour.

Il y a d'abord le *coup du Code civil.*

M^me Grattelard joue à la Bourse. Elle dépose en couverture dix actions du chemin de fer du Nord. Elle joue à la hausse. Pas de veine, la bourse baisse. Elle demande à l'agent de change à se faire *reporter.* L'agent trop chargé, ou de mauvaise humeur, *l'exécute.*

Mais, le lendemain, arrive un monsieur.

— Je suis M. Grattelard, dit-il à l'agent, je viens réclamer les dix actions que ma femme a déposées chez vous en couverture.

— Mais elle a joué, dit l'agent. Elle a perdu. Si elle avait gagné je l'eusse payée ; je garde les actions, c'est ma propriété

— Pas du tout, dit M. Grattelard, vous connaissez le Code civil ? Attendu que la femme ne peut engager aucune partie de son avoir sans l'autorisation de son conjoint... Vous me comprenez ?

L'agent de change dut s'exécuter à son tour.

*Le coup de la prime* est plus fort.

Un client très malin et partant peu scrupuleux n'hésite pas à offrir séance tenante 500 francs, quelquefois 1,000 francs de la main à la main au *teneur de carnet* d'une grande maison, *pour avoir le droit de lui demander le lendemain* 30,000, 3 0/0 0/10 *au cours du terme qui se fait au moment du versement.*

Que fait le client ?

Il vend immédiatement 30,000 de *3 0/0* ferme au cours du moment (supposons 80 francs) et il attend.

Si on baisse, il a jusqu'au lendemain deux heures pour racheter son ferme ; si on monte, il exige du commis les 30,000, au même cours qu'il a vendu ferme. Il est liquidé et ne perd que les 500 francs qu'il a versé. C'est-à-dire qu'il a pendant quelques heures *toute la baisse pour lui ;* c'est ce qu'on appelle *escompter une prime facultative* pour le lendemain.

Il arriva récemment, à un des puissants seigneurs de la grande et de la petite Bourse, une aventure qui prouve une fois de plus que la fortune ne fait pas le bonheur, et qu'on n'étouffe pas les battements du cœur, même ceux d'une vieille femme, sous des monceaux de billets de banque.

M. C..., inutile de le désigner autrement, combla d'or une des plus anciennes *insalubrités* de Mabille. Elle est si vieille, si vieille que tous les contemporains la croyaient depuis longtemps sous terre en train de voir pousser les pissenlits par la racine. Il n'en était rien. La bonne femme était retirée dans une élégante villa, à Argenteuil. Les roses y fleurissent en tous temps. A elle le pompon pour avoir su se créer un confortable délicieux et attacher à ses charmes décrépits un de nos plus riches financiers. Faut-il qu'elle en ait de ces charmes qui firent les délices de nos pères de 1830, pour qu'elle ait pu obtenir de M. C..., qui n'attache pas ses chiens avec des saucisses, cinquante mille francs par mois, autant que le président de la République !

Cette dotation princière n'était pas suffisante pour la vieille hétaïre. De l'ancienne école, elle ne sacrifie pas à Lesbos. Elle prit un amant, jeune, aimable, titré : elle le combla de faveurs. La vieille chatte le câlinait : c'était de l'amour pur. Le petit lapin bleu était choyé, pomponné, adulé. Le financier qui ne voulait pas que la vieille, qu'il considérait comme son capital, distribua le moindre dividende, venait à l'improviste sur son yacht, en voiture, quelquefois en omnibus. Cela ne faisait pas le compte de l'antique rivale des Mogador. Elle organisa un service original pour être prévenu à temps de l'arrivée de M. C.

Un homme à elle se tenait en permanence sur le pont ; un autre était à la gare ; un troisième surveillait la route. Ces hommes étaient en faction jour et nuit, mais on ne pense pas à tout. Un jour arriva un haquet chargé de vins que lui adressait M. C... Ce fut elle qui reçut le camionneur. Le vin placé en cave par les tonneliers, le camionneur entra dans la salle à manger pour faire signer sa feuille. Le sigisbé de la vieille était moelleusement assis dans un excellent fauteuil. Elle signa, puis, tira son porte-monnaie pour donner le pourboire ; elle n'avait que de l'or.

— Bébé, dit-elle à son jeune amant, donnez donc cent sous à ce brave homme...

— C'est beaucoup, dit Bébé, chez qui le juif reparut.

— Non ! dit-elle, donnez, c'est M. C... qui paye.

Le camionneur, qui assistait impassible à ce colloque, tendit la main gauche, et de la main droite, il enlevait prestement sa perruque et ses lunettes... Tableau ! C'était M. C...

La vieille se trouva mal, la ressource des femmes dans l'embarras. Quant au jeune homme, il s'enfuit.

M. C... furieux réduisit la pension de 50,000 francs par mois à 20,000 francs.

Le petit lapin bleu habite encore aujourd'hui une jolie maison à Argenteuil ; sur le fronton, les passants peuvent lire :

*Pene erexit domum.*

Les paysans disent que c'est la devise de la famille du propriétaire.

Une des célébrités de la petite Bourse était le baron S... surnommé : le baron à la Loupe, à cause d'une immense loupe qu'il avait sur l'œil.

Sa loquacité était extraordinaire ; il parlait avec une volubilité sans exemple. Il s'était fait traité en vain par tous les plus grands médecins. Tous lui avaient répondu : le seul moyen de vous guérir est de vous soigner par l'indifférence !

Il était très affecté de cette infirmité qui lui valait une foule de plaisanteries amères. Un jour, il fit la rencontre, en chemin de fer, d'un individu qui lui proposa de le guérir.

En quinze jours, lui dit-il, votre loupe disparaîtra.

Le baron accepta cette offre avec reconnaissance.

Le traitement commença dès le soir même. Il était des plus simples : des compresses d'ail et de persil pilées, appliquées sur l'œil.

Au bout de huit jours le baron fut en effet guéri... il mourut !

Son oraison funèbre ne fut pas longue :

— Il aurait bien dû savoir, dit un remisier, que le persil tue les perroquets !

La petite Bourse pourrait être nommée : la foire aux potins. Les légendes s'y transmettent de générations en générations. On raconte encore l'histoire de M. Bischoffsheim, Raphaël pour les dames :

Il était une fois un jeune homme charmant, aimable causeur, la main largement ouverte pour ses amis et pour toutes les infortunes, adoré des danseuses surtout lorsqu'elles étaient jeunes et jolies, fils de banquiers qui jouissait de l'estime générale. Par abréviation, dans l'intimité on l'appelait Bich. Un jour, trois de ses amis l'emmenèrent chez une courtisane illustre. Tous quatre s'enfermèrent dans le boudoir et commencèrent une partie de bézigue chinois. Elle dura plusieurs jours, au bout desquels Bich perdit la modeste somme de *treize cent mille francs.*

Lorsque son père mourut, son premier soin fut de les payer. Nous sommes loin du financier Charles La-lou !

Ce qui prouve qu'il y a financier et financier !

On voit à la petite Bourse des agents de change qui ne vont jamais à la grande, ou du moins que très rarement. M. Millet, le plus riche de la corporation, n'y va pas douze fois par an. Il fait tenir son carnet à la *guitare,* M. Dolfus n'y avait que rarement mis les pieds. Depuis qu'il n'est plus agent de change, il erre sous la colonnade, comme une âme en peine.

M. de Morny adorait se promener *incognito* à la petite Bourse. Chacun sait qu'il fut un grand tripoteur et que son cynisme en matière d'affaire était sans égal.

Un jour il fut accosté par un ingénieur distingué, qui avait une mine de plomb-argentifère et voulait mettre cette affaire en actions.

— J'ai une excellente affaire, dit-il à M. de Morny, une mine extraordinaire qui enrichira tous ses actionnaires : voulez-vous m'aider de vos influences ?

— Parfaitement, répondit M. de Morny.

— Alors accordez-moi cinq minutes, ajouta l'ingénieur, je veux la monter au capital de *vingt-cinq millions de francs !* La mine est située en Espagne, à Reinosa ; j'ai les plans, les devis, les calculs, toutes garanties à vous donner.

— Cela m'est indifférent, dit de Morny, je ne vous demande qu'une chose : la province où est située votre mine *existe-t-elle ?*

A propos de mine, le père Billion, ancien directeur de l'Ambigu perdit huit cent mille francs sans avoir eu besoin d'aller en Espagne.

Un jour, M. Billion reçut la visite d'un homme qui vint lui proposer une association ;

— J'ai, lui dit l'homme, une affaire de mine comme
on n'en a jamais vu.

— Est-ce loin ? dit le père Billion.

— Non ! C'est à Aubervilliers.

— Mais c'est une mine de choux-fleurs.

— Non, une mine de charbon de terre, à fleur du
sol, préférable au Cardiff, brûlant mieux que le
Mons, supérieur au Charleroi.

— Je suis curieux de voir cela, si vous me dites
vrai, nous exploiterons ensemble.

Rendez-vous fut pris.

Le jour fixé, M. Billion et son futur associé se rendirent à la plaine d'Aubervilliers. Dans un champ, un
grand carré de terrain était entouré de cordes fixées
à des pieux. Autour, se tenaient des hommes à cas-
quettes galonnées ; ils simulaient les ingénieurs ; au
centre du carré, une vingtaine d'hommes armés de
brouettes, de pelles, de pioches, fouillaient la terre,
et, à chaque fois ramenaient du charbon. Devant
M. Billion, on en chargea un tombereau qu'on lui
envoya ; il le fit expertiser sans indiquer la prove-
nence  Les experts reconnurent à ce charbon des qua-

lités supérieures. Le malheureux versa son argent qui fut englouti en un rien de temps.

Je n'ai pas besoin d'ajouter que ce charbon avait été, la nuit, apporté dans le trou.

C'est exactement l'histoire des fameuses mines de Saint-Bérain, qui furent tant reprochées à Emile de Girardin. Seulement dans celles de Saint-Bérain, le charbon existait au-dessous de celui qu'on y avait mis.

Parmi les habitués de la petite Bourse, il y a quelques années, il y avait M. Banès, le malheureux agent de change, qui fut un jour, trouvé pendu dans la cage de son escalier.

Ce suicide fit grand bruit en son temps. Des histoires circulèrent pour l'expliquer. Parmi elles, je choisis celle-ci, sans la garantir toutefois, quoi qu'elle soit vraisemblable.

Chacun sait que lorsqu'une Société est constituée par actions, il est d'usage d'émettre des obligations. Le porteur de ce genre de titre est un prêteur privilégié, qui a droit au remboursement de son capital, fût-ce sur le fonds social.

L'obligation est une hypothèque de premier ordre. Par exemple une compagnie de chemin de fer émet des obligations : le matériel, bâtiments, gares, locomotives, wagons, constituent le gage de l'obligataire. Si une seconde émission, une troisième ou une quatrième a lieu, elles ne viennent qu'à leur rang, la garantie n'est plus la même, elle est problématique, car les premiers obligataires doivent être remboursés avant les autres.

Le Baron James de Rothschild avait les chemins Lombards. Il conçut l'idée, après les actions et les obligations, d'émettre des *bons* qui, suivant lui, devaient être remboursés dans une période fixée et jouir des mêmes privilèges que les obligations. Ces *bons*, valeurs interlopes, s'ils étaient émis, plaçaient l'émetteur dans la nécessité d'enlever une partie du gage des premiers obligataires, ou alors s'il ne leur enlevait rien, de mentir sur la valeur des *bons*, partant de tromper le public.

Les *bons* furent émis, mais il fallait les placer.

Le Baron fit venir chez lui, ou envoya son représentant chez les agents de change pour leur demander s'ils consentiraient à écouler les *bons lombards* dans leur clientèle.

Tous les agents acceptèrent, moins un seul, M. Banès qui considérait cette opération comme une fraude. Le vieux Baron ne dit rien. Les agents placèrent un grand nombre de bons.

Quelques semaines plus tard, M. Banès alla chez le Baron de Rothschild pour lui faire ses offres de services.

Lorsqu'il fut en présence du riche financier, il lui demanda pourquoi depuis quelque temps il n'était plus favorisé de ses ordres.

— Mais je ne vous connais pas, dit le Baron James. Comment vous appelez-vous ?

M. Banès, étonné de cette question, crut que le Baron devenait fou subitement. Néanmoins il répondit :

— Monsieur le Baron me connaît bien. Je suis Monsieur Banès, agent de change. D'ailleurs, voici mon nom sur le tableau.

Et il désignait le tableau des agents de change, publié par les soins de la chambre syndicale, tableau officiel, affiché dans les bureaux des maisons importantes.

— Je ne connais pas ce tableau, dit le Baron. Ah ! Vous dites que vous êtes agent de change, attendez.

Le Baron sonna.

Un employé accourut ; il lui dit brièvement :

— Apportez-moi la correspondance des agents de change.

Quelques secondes après, l'employe revint avec une liasse de lettres, soigneusement étiquetées.

Le Baron les prit et les feuilleta lentement, en lisant à voix haute :

— Monsieur le Baron, j'ai l'honneur de vous informer que j'ai placé dans ma clientèle 700 *bons*, signé A... 200, signé R... 400, signé Z... et ainsi de suite... Les cinquante-neuf noms des agents de change furent passés en revue.

— Vous voyez bien, reprit froidement le Baron, que vous n'êtes pas agent de change, puisque votre nom n'est pas là.

— Mon nom n'est pas là, dit M. Banès, parceque je n'ai pas placé de *bons*, mais regardez le tableau.

— Le tableau, c'est ça, dit le Baron en frappant sur les lettres. Vous n'êtes pas agent de Change. J'ai l'honneur de vous saluer.

Et il tourna les talons.

M. Banès, indigné, s'emporta. Ce fut peine inutile. Le Baron ne répondit que ceci :

— Vous n'êtes pas agent de change.

M. Banès s'en alla, puis continua ses opérations, mais à partir de ce jour, rien ne lui réussit. La fatalité semblait s'acharner après lui. Une puissance mystérieuse contrecarrait tout ce qu'il faisait. Bref, il subit de grosses pertes. Enfin fatigué, lassé, écœuré, il se pendit de désespoir.

. . . . . , . . . . . . . . . . . . . . . .

Une des célébrités de la petite Bourse, c'est M. Neustadt. Pas plus haut que ça, Neustadt! Le tiers en moins que M. Thiers, jamais content, mais Hollandais. Il avait une préférence marquée, très marquée, j'ajouterai même exagérée pour la Hollande et ses fonds.

D'ailleurs excellent, le *Hollandais*, disait-il, est depuis longtemps au-dessus du pair; les *consolidés* y arriveront ; le 3 0/0 français jamais ! C'est l'opinion du Baron et la mienne.

Il faut dire que Neustadt est le représentant des Rothschild.

— Grand pays, la France, mauvaises finances, vendez-moi 30,000 !

M. Lefèvre, agent du Mobilier, grand, d'une maigreur extrême, l'aspect d'un ancien huissier de province, doublé d'un famélique.

Il entra à 3,000 francs, et est aujourd'hui à 6,000 d'appointements ; il a refusé toute augmentation, toutes gratifications. Malgré ce désintéressement il a fait en Bourse depuis quinze ans cinq ou six milliards d'affaires.

Doué d'une prodigieuse mémoire, il n'a jamais porté sur lui ni carnet, ni crayon, ce qui n'empêche pas qu'il rectifie immédiatement les dates, les cours et les bordereaux des agents et des coulissiers.

C'est un Spartiate. Il déjeune au *Crédit mobilier* et dîne tous les soirs au Palais-Royal, chez Demory, à prix fixe, 2 francs par tête, 20 centimes de supplément pour deux pommes cuites — 365 fois par an et 366, les années bisextiles.

Il se croit, à juste raison, une des clefs de voûte du *Crédit mobilier* et a coutume de dire :

— Ce sont les bons employés qui font les bons patrons ; ce sont les bons patrons qui font les bonnes maisons. Si chacun veut tirer à soi, rien ne va plus. Optimistes, achetez-moi 200 mobiliers !

Après avoir dit des habitués de la Bourse, grande ou petite, tout ce que nous pensions d'eux, — hélas ! plus de mal que de bien, — il nous est doux pour terminer de trouver sous notre plume le nom d'un parfait gentilhomme, M. Charles de Saint-Roman.

Après la déconfiture de son frère, le comte, lieutenant de vaisseau, chevalier de la Légion d'honneur, membre du Jockey, donna sa démission au ministre de la marine et l'offrit au club : le comité la refusa.

Egal de tous par la naissance, supérieur à la plupart par la hauteur de son caractère, M. de Saint-Roman liquida la fortune, paya les dettes de son frère, adopta sa nièce et se mit courageusement aux affaires.

Ami d'enfance des Fitz-James, des Rothschild, des

Greffulke, des André, il n'eut qu'à choisir autour de la *corbeille* ceux des agents de change qu'il voudrait bien favoriser de ses ordres.

A la Bourse, aussi bien qu'à son bord, M. de Saint-Roman conserva son sang-froid. Calmant les chauds, excitant les froids, il donnait toujours des conseils désintéressés et justes la plupart du temps.

M. de Saint-Roman enrichit ceux de ses amis qui le suivirent et ne toucha jamais aux intérêts des camarades du club qui lui avaient mis le pied à l'étrier.

En somme, M. de Saint-Roman, à la Bourse, représente le type du parfait boursier : conception rapide, habitude des hommes et des choses et exécution immédiate du plan arrêté. Très riche aujourd'hui, le comte a des envieux, mais pas un à la Bourse. Un coup de chapeau de sa part équivaut à un brevet d'honnêteté.

Si ces lignes vous tombent sous les yeux, vicomte de la Panouse, vous l'égal de M. de Saint-Roman par la naissance, par le grade, par le club, quels cuisants remords ne devez-vous pas éprouver ?

En résumé, le public de la petite Bourse ne vaut

pas mieux que celui de la grande : j'y ai connu des coiffeurs, des charpentiers, des camelots, des maquignons et des toucheurs de bœufs qui sont devenus des notabilités financières et que la foule salue bien bas !

# XIII



Les cafés qui environnent la Bourse, c'est encore la Bourse, puisqu'après la fermeture, tous ceux qui vivent de la Bourse et de ses tripotages s'y donnent rendez-vous, soit pour les manigancer, soit pour partager le produit de l'opération, soit pour y vendre ou échanger des titres tombés.

Chacun de ces cafés a une clientèle différente.

Il y a dix ans à peine, il n'en existait que trois : le *Café de France*, le *Café du Vaudeville* surnommé le *Café de la Morgue* et le *Café des Arcades*.

Aujourd'hui les environs de la Bourse sont peuplés de cafés. Le métier a du bon à ce qu'il paraît.

Parmi les nouveaux établissements, un seul, le *Bar Gallopin* avec les trois cités plus haut, accapare la clientèle.

Ces quatre cafés présentent une physionomie particulière. En apparence, c'est le même monde, puisqu'ils ont le même objectif : l'argent. Il est dissemblable en ce qui concerne les moyens de se l'approprier : les uns le font presque légalement, tandis que les autres frisent chaque jour le Code. Pour ces derniers, grands prêtres du vol, le Code est un Evangile !

Le *Café de France* fut longtemps le rendez-vous des journalistes financiers et des correspondants de journaux étrangers. Ils échangeaient des nouvelles, le plus souvent fausses. A ce sujet, jamais Bocquillon ne manquait le calembourg suivant :

— Quelle différence, demandait-il à Joubert, y a-t-il entre un journaliste financier et un vidangeur ?

— Il n'y en a pas, parbleu ! Tous deux sont à la recherche de *fosses nouvelles !*

Au temps où Paris était empoisonné de banques borgnes, les émissions florissaient ; le Pactole coulait en cascade des marches de la Bourse. Les courtiers des innombrables *canards* financiers, de midi à trois heures, menaient joyeuse vie dans ce café. Les bocks succédaient aux bocks. Véritables puits sans fonds, ils engloutissaient l'or et la bière : c'étaient d'interminables parties de cartes ou de piquet. Qu'importait la perte, qu'importait le gain ! Gogo payait et les ingrats ne buvaient même pas à sa santé.

Toujours en ce temps-là il existait un Syndicat qui avait chambré à son profit les Sociétés de crédits. Ce syndicat était composé de sept hommes, sept sages, non pas de la Grèce, mais du temple grec, ce qui n'est pas précisément la même chose. Ils se tenaient groupés, dominant la foule, sur les premières marches de la Bourse. Les courtiers formaient cercle à distance respectueuse, saluant bas le groupe d'augures, cherchant à deviner s'ils seraient favorisés. Ils faisaient toutes les platitudes imaginables pour avoir une plus grande part du gâteau.

J.... cravaté de blanc, l'hiver, couvert de fourrures, baissait l'échine devant G. Ebstein et essayait de lui prouver que ses six journaux valaient mieux que le *Journal des Débats*.

— Je suis un père de famille, disait-il pour l'attendrir, car J... la faisait au père de famille.

Cela ne lui réussissait pas auprès du Syndicat, mais auprès des Sociétés financières, et il vécut pendant longtemps de son journal qui tirait à 25 exemplaires.

Hors la Bourse, G. Ebstein n'était pas bon à pendre, on le savait, car tout le monde connaissait ses antécédents financiers et point n'était besoin de les lui reprocher, puisque tous acceptaient de l'argent de ses mains.

J.... est mort récemment. Il a tant laissé de sympathies qu'à l'annonce de sa mort, personne n'y voulut croire, et que quelques-uns firent, pour s'en assurer, le voyage au cimetière lointain où il est enterré.

C'était un bon habitué du *Café de France*. Il y buvait beaucoup de chartreuse.... pour faire digérer ses enfants.

Il eut un jour une idée géniale. Il avait pour imprimeur un brave homme établi à Montdidier, timoré comme pas un, qui, pourtant, lui avait fait un crédit de dix mille francs. L'imprimeur refusant crédit, c'était grave. Plus de crédit plus de journal, plus de journal plus d'instrument pour vivre. Il savait que son imprimeur était vaniteux à l'excès ; il alla le trouver et lui tint ce langage :

— J'ai été pasteur à Toulon sous les ordres de l'amiral Jaureguiberry. L'amiral est ministre de la marine. Il y a une élection d'un sénateur à la Martinique. M. Allègre est seul candidat. L'amiral le déteste. Je vais me faire appuyer ; imprimez-moi mille circulaires. Je vais vous envoyer les bandes d'adresses, vous ferez les frais de poste et je serai élu !... Alors... Vous me comprenez ?

L'imprimeur fit bien les choses, et au dépouillement du scrutin, J.... n'eut pas une voix !

Mais il avait raffermi son crédit, car l'imprimeur était persuadé qu'il serait élu tôt ou tard.

Peut-être l'est-il, mais là-haut! C'est rudement loin pour aller lui présenter une facture.

Beaucoup de juifs au *Café de France*. Ce sont des boursiers qui pourraient aussi bien être marchands de lorgnettes ou rédacteurs en chefs de journaux comme M. Eugène Mayer. Lui, aussi, fit quelques apparitions au *Café de France*. A cette époque, il ne songeait pas qu'un jour il ferait trembler les gouvernements, il ne songeait qu'à faire trembler la bourse.... des autres !

Le café aristocratique par excellence, c'est le *Bar Gallopin*. De une heure à trois heures et demie, ce ne sont qu'allées et venues, les remisiers viennent s'y raffraîchir. A la mode anglaise, on boit devant le comptoir, assis ou debout. Dans le fond de la salle qui a exactement la forme d'une contrebasse se tiennent les fameux dispensateurs de la publicité financière, les matadors du lieu. C'est sans doute pour cette raison, en vertu du proverbe : qui se ressemble s'assemble, que le jeu de dominos nommé le *Matador* est leur jeu favori.

Le *Café du Vaudeville* ou *Café de la Morgue* ne

présente aujourd'hui rien de bien particulier ; il n'en est pas de même du *Café des Arcades* où se réunissent tous les rastaquouères de la finance.

C'est un singulier spectacle que celui de cette foule, attablée, buvant, fumant, qui parle de millions comme s'il en pleuvait et dont la majeure partie n'a pas de quoi payer sa consommation. Quelques-uns attendent anxieux, en interrogeant la porte, parfois cinq ou six heures, qu'un camarade vienne les dégager.

Il y a dans ce groupe illustre des Allemands, des Juifs, des Auvergnats, qui ont passé par toutes les étamines de la vie et par toutes les geôles de l'Europe. Jamais ils ne sont pris au dépourvu, qu'il s'agisse d'une affaire de cinq cent mille francs ou de la vente d'un fonds de marchands de pomme de terre frites, valant cinquante francs. J'en ai connu un, qui, pour avoir sa commission, vendit une distillerie évaluée 100,000 fr. à un rastaquouère ne possédant que six sous dans sa poche, et il le savait !

De ce café, s'abat sur Paris cette bande noire qui inonde la place de vieux papiers véreux et discrédité. J'ai vu entre les mains de plusieurs de la bande pour

trois cent mille francs de billets appartenant à un général, au neveu d'un grand homme d'Etat, au fils d'un
célèbre écrivain ; ils colportaient ces valeurs chez tous
les usuriers qui n'auraient pas avancé dessus un seul
sou.

Quelques fois, ils surprennent la bonne foi des négociants de province, ils achètent des parties de mar-
chandises. Vins en fûts, cognacs, toiles en pièces,
champagne en bouteilles, tout leur est bon. Ils payent
les négociants avec ces valeurs, puis revendent la
marchandise à bas prix. G…. acheta un jour cinquante
mille francs de boutons de nacre. On jugera de la
quantité qu'il dut avoir quand on saura que les boutons valent en moyenne dix sous les 1,500 !!

La devise de ces braves gens est des plus commo-
des. Quand on a des affaires embarrassées, il vaut
mieux se faire blanchir avec quinze jours de prison.

C'est en effet très facile, et c'est ce que firent quatre
individus bien connus dans ce charmant milieu.

A bout de ressources, ils imaginèrent d'ouvrir une
sorte de maison de banque, mais d'un nouveau genre.

Ch… était courtier, Cl… était en état de faillite,

Chi.... avait fait banqueroute, Jac... et Cour... avaient quelques sous.

Un fils de famille, appartenant à une des premières familles de la Belgique, avait fondé avec son frère une société pour le commerce de la chaux.

L'un des deux frères, M. L... habitait Paris, l'autre, l'étranger. Le premier, joueur effréné, était toujours malheureux au jeu. Pour masquer les pertes, il faisait des valeurs et les faisait escompter par les aimables banquiers nommés plus haut.

M. L... souscrivit une première fois 400,000 fr. de billets, contre lesquels il reçut en espèces 98,000 fr.

Mais on lui vendit 295,000 francs de terrains qu'il recéda pour 95,000 fr.

La famille fut poursuivie, et, menacée, elle liquida cette situation.

Trois semaines plus tard, M. L... recommençait ses emprunts. Dans l'espace de quatre mois, il souscrivit pour 1,975,000 fr. de billets, et ne reçut que 168,000 fr. en espèces ; sur une vente de 40,000 fr. d'alcool, on préleva une commission de 35,000 fr. Enfin, soit par majoration, soit sous différents prétextes, le préjudice s'élevait à 1,201,000 fr.

Cette fois, la famille refusa de payer. Devant la menace d'un procès les coquins rendirent pour plus d'un million de billets, mais le parquet poursuivit d'office. Une fois n'est pas coutume ; tous furent condamnés à la prison et à 75,000 fr. d'amende.

Ce n'était pas cher, les cinq associés avaient *gagné un million 59,000 francs !*

Ce café regorge de Robert-Macaire. Parmi eux le plus remarquable est celui que voulut créer une société d'assurance : l'*Immensité.*

Un jour de gaîté, il parodiait un discours qu'il aurait fait à ses associés.


Messieurs,


« Parmi tous les pièges que j'ai préparés pour faire passer l'argent de la famille des gogos dans notre poche, il n'en est pas qui m'inspire plus de confiance que la Société : l'*Immensité.* Je suis résolu aux plus grands sacrifices pour fonctionner dans les conditions les plus favorables à nos intérêts ; vous me seconderez dans cette nouvelle entreprise avec l'énergie que vous déployâtes pour d'autres de fructueuse mémoire,

« Vous redoublerez de soins pour surexciter la crédulité de la famille des gogos et endormir ses soupçons. Je laisse à votre sagacité, pour atteindre ce but, le choix des moyens ; je déclare ceux-ci excellents pourvu qu'ils réussissent. La fin justifie les moyens. Suivez cette maxime et vous deviendrez riches.

« Si vous êtes dignes de vous-mêmes, si le comte Cretin de Filouville nous apporte le concours utile que j'attends de lui, voici le budget approximatif de cette vaste opération :

## RECETTES

| | |
|---|---:|
| Versements des actionnaires . . . . . . . . . | 25.000.000 |
| TOTAL . . . | 25.000.000 |

## DÉPENSES

| | |
|---|---:|
| Banquiers, changeurs et autres chez qui la souscription s'effectuera . . . . . . . . . . . . | 6.000.000 |
| Annonces, réclames et boniments dans les journaux . | 8.000.000 |
| Affiches sur papier unicolore . . . . . . . . . | 1.000.000 |
| Id. bicolore . . . . . . . . . | 1.500.000 |
| Id. tricolore . . . . . . . . . | 2.000.000 |
| Affiches au gaz oxyhydrique Lothammer . . . . . | 3.000.000 |

Buffet pour l'assemblée générale du 16 novembre prochain . . . . . . . . . . . . . . . . . . 2.009
Réserve à déposer chez Floumann banquier à Bruxelles 3.500.000
Jetons de présence pour le Conseil de surveillance . . 20.000
Bénéfice à partager entre nous . . . . . . . . . 478.000

TOTAL. . . 25.000.000

« J'espère que le bénéfice net à partager entre nous se présente assez appétissant : de plus vous avez la perspective des profits espérés par chacun de vous en traitant pour les frais de publicité.

« Vous approuvez, je n'en doute pas, la réserve que je compte déposer chez notre associé Floumann, à Bruxelles, car la justice, si tolérante en ce moment, pourrait bien se réveiller ; son sommeil n'est peut-être d'ailleurs qu'une feinte pour mieux préparer le coup de filet qui doit nous envelopper.

« Quoi qu'il en soit, Messieurs, soyons toujours sur nos gardes : audace et prudence !

« Quand vous verrez le Parquet disposé à agir, accourez tous à notre cachette de la rue Vide-Gousset où le salut vous attend. Que les membres seuls du conseil d'administration fassent les délices de ceux qui aiment la police correctionnelle, ils sont payés pour cela. Quant à nous, libres et heureux sur la terre etrangère, nous attendrons dans l'opulence et les plaisirs que l'orage passe et nous reviendrons dans notre chère patrie quand l'ordre moral ne règnera plus ! »

Ont-ils pensé et agi autrement, les Lepelletier, les Gauthier, les Caperon ?

Il existe aussi le courtier que procure le *loueur de billets de banque* pour les sociétés véreuses.

La loi sur les Sociétés exige que le quart du capital soit versé pour qu'une Société soit constituée régulièrement et puisse fonctionner. Il est d'usage de faire ce versement chez un notaire, lequel constate qu'il a eu les fonds entre les mains, qu'il les *a vus*.

Supposons sept gredins, — car il faut qu'ils soient sept — associés pour fonder une Société au capital de deux millions. Ils rédigent des statuts, font entre eux, fondateurs, une assemblée dans laquelle ils déclarent le capital souscrit et le quart versé, soit 500,000 francs. Ils n'ont pu souvent que parvenir, en retournant leurs poches, à réunir la somme nécessaire pour louer une salle. C'est loin de compte pour la somme exigée. Alors le courtier à la *braise* arrive. Moyennant une commission, il procure le *loueur de billets de banque*. Ce dernier donne rendez-vous à un des associés, bombardé du titre de Président ou de secrétaire général, et tous deux vont chez le notaire. Il verse le capital d'une main et le reprend de l'autre ; le notaire a *vu*, la loi est sauvegardée.

Alors les actions sont lancées dans le public qui achète ou n'achète pas. La Société tombe ; les gredins s'enfuient ou passent en correctionnelle. Le notaire est à l'abri : il a *vu* les fonds !

— Mais que sont-ils devenus ? demande le président curieux.

— Ils ont passé en frais d'installations et en publi cité, répondent-ils.

Le tour est joué. Décidément, la loi est une bien belle chose !

Il y a aussi le chapitre des courtiers qui connaissent les prêteurs — lisez usuriers.

A Paris, l'usure, bien que la loi soit sévère, se pratique sur une grande échelle. Tout le petit commerce, les petits industriels de la rue, même les camelots, sont exploités par « la petite semaine. »

Plus l'usure descend bas, plus elle frappe impitoyablement et accumule les ruines.

Autour des Halles il y a l'usurier qui, sous des apparences philantropiques, fait mieux ; il prête au jour le jour.

Une marchande des quatre saisons a besoin de cinq francs pour acheter sa marchandise. Elle va rue Mondétour trouver le père Schmoll, baptisé du nom de *grippe-sous*. Il lui donne cinq francs, mais le soir il faut qu'elle rende 5 fr. 25. Cette somme, à la fin de l'année, représente un intérêt de plus de 1200 fr. p. o/o.

C'est effroyable, et cela dépasse cet usurier qui racontait à sa femme l'excellente affaire qu'il avait faite en prêtant à un jeune homme 6,000 fr. à raison de 50 p. o/o d'intérêts par an.

— Seulement, ajoutait-il, je me suis fait payer les intérêts d'avance, de sorte que je n'ai réellement avancé que 3,000 francs.

— Imbécile, lui répondit sa femme, il fallait lui

prêter pour deux ans : tu n'aurais rien eu à lui donner !

Ce système est mis en pratique journellement par les courtiers du *café de l'Arcade*, mais il a été perfectionné, c'est le *truc de l'attermoiement* !

Vous avez besoin d'argent et vous n'avez pas de banquier. Un ami vous met en rapport avec un des courtiers. Celui-ci vous présente à un Hoffmann quelconque. Alors la scène suivante a lieu.

— Vous avez besoin d'argent ?

— Oui, Monsieur. Je suis un honnête homme gêné dans ses affaires.

— Combien vous faudrait-il ?

— Mon échéance prochaine est de dix mille francs.

— Bien ; faites une valeur à quatre-vingt dix jours.

L'emprunteur se réjouit mentalement. Il n'est pas aussi juif qu'il le paraît, pense-t-il.

Oui, mon ami, attends un peu.

La valeur est souscrite.

— Quand aurais-je les fonds ?

— Nous sommes le 30 mars, vous les aurez le 10 avril.

La date arrive. L'emprunteur accourt rayonnant chez Hoffmann. Celui-ci prend aussitôt un air navré.

— Vous me voyez au désespoir. Une seule signature ne suffit pas : vous êtes très solvable, mais le banquier est juge suprême.

— C'est que je ne voudrais pas faire connaître ma situation en demandant à un ami de me prêter sa signature.

— Je comprends cela.

Hoffmann paraît réfléchir profondément.

— Ah ! s'écrie-t-il, j'ai votre affaire. Pour une petite commission, j'ai un ami qui vous obligera.

— Combien cela demandera-t-il de jours ?

— Le 20 avril.

La même histoire se reproduit : seulement, cette fois, les banquiers ont eu un *retour* considérable. Il faudra encore attendre jusqu'à la fin du mois.

Bref, d'atermoiements en atermoiements le 30 mai arrive ; Hoffmann verse les fonds en retenant la *commission* du signataire complaisant, sa *commission* à lui, la *commission* et *l'escompte* du banquier. Au total l'emprunteur touche 8,500 fr. pour un mois de prêt seulement, puisque son billet échoit le 30 juin et que nous sommes le 30 mai.

Cela fait de l'argent à plus de 400 p. 0/0 par an !

Encore bien heureux si le malheureux emprunteur ne tombe pas dans les mains de rastaquouères qui gardent tout, comme cela se pratique journellement au *café Cardinal* ou au *café Véron*.

En résumé, tout ce qui touche à la Bourse, de près ou de loin, a été caractérisé d'un seul mot, par Alexandre Dumas père.

Se trouvant un soir dans un salon très fréquenté par la haute société parisienne, plusieurs dames qui connaissaient son talent de conteur, le prièrent de vouloir bien narrer une histoire :

— Voulez-vous, Mesdames, leur répondit-il, une histoire amoureuse ?

— Nous préférerions autre chose.

— Alors, une histoire d'assassins. J'en sais plusieurs absolument terribles.

— Non, pas encore ça.

— Une histoire de voleur ?

— Oui, oui, dirent-elles d'une seule voix.

Dumas feignit de se recueillir quelques instants ;
puis, il commença :

— Il était une fois un Boursier...

Ici il s'arrêta court.

Les dames lui demandèrent la suite.

— La suite ? dit Dumas. Mais c'est tout. Vous
vouliez une histoire de voleur, la voilà.

XIV


PANTHÉON FINANCIER


Cette nomenclature, malheureusement incomplète,
est destinée à édifier les petits rentiers, qui, malgré
les dures leçons du passé, continuent à confier leurs
économies aux Robert Macaire de la finance., directeurs de ces banques borgnes, qui, sous des déno-
minations pompeuses, depuis vingt ans, accumulent
les ruines sur la France entière.

On remarquera la quantité de noms qui se termi-
nent en *mann*, en *er* ou en *ich*, ils sentent d'une lieue
le Juif ou l'Allemand, presque toujours les deux.

C'est accomplir un devoir que de clouer ces filoux
au pilori de l'histoire et de crier à l'épargne publique : Souviens-toi !

## LOI DU 19 JUILLET 1881

ART. 35. — *La vérité des imputations diffamatoires et injurieuses pourra être également établie contre les directeurs ou administrateurs de toute entreprise industrielle, commerciale ou financière, faisant publiquement appel à l'épargne ou au crédit.*

### *Société Civile du Sahara.*

LOUIS MENIER, 2 ans de prison, ALLEMAND 5 ans, par défaut, 11ᵉ chambre correctionnelle, 1884.

### *Société Générale Financière.*

LECONTE, 5 ans de prison, LUCAS, 2 ans, THORIN 5 ans, KELLY, (de) 8 mois, AUDRAN, 8 mois, 8ᵉ chambre correctionnelle, 1885.

### *Banque Foncière de France.*

NICOLAS CORDIER, 13 mois de prison, 11ᵉ chambre correctionnelle, 1885, 1 million 50,000 francs de déficit.

## Société Industrielle.

CHARLES BUREAU, 6 mois de prison 1860, 8 mois 1860, 15 jours 1868, 2 ans 1873, 10 ans de travaux forcés 1874, 10 ans de prison 1878, cour d'assises de la Seine, 5 millions 50,000 francs de déficit.

LEBLANC, 1 an de prison.

VAN-VERSEEN, 1 an de prison, tous deux cours d'assises de la Seine, 1874.

## Crédit Communal de France.

PAULIN CAPERON, 5 ans de prison, DESTREZ ACHILLE, 5 ans, LEPELLETIER, 2 ans, MUTRECY, 8 mois, 7ᵉ chambre correctionnelle, 1873, 2 millions 300,000 francs de déficit.

## Change de la rue de Seine.

CHEVALLIER, 15 mois de prison, JEHANNE, 2 ans, 11ᵉ chambre correctionnelle, 1873, déficit 350,000 francs.

## Crédit Provincial.

RICHARD KŒNIG, 6 mois de prison, MARC SAUNIER, 6 mois, 8ᵉ chambre correctionnelle, 1884.

*Banque de la rue de Grammont.*

GRENIER, 6 ans de travaux forcés, cours d'assises de la Seine, 1886, 1 million 700,000 francs de déficit.

*Comptoir Financier, Industriel, Agricole.*

CREMER, 1 an et un jour de prison, FORNARIER, 1 an et 1 jour, tribunal correctionnel de Nîmes, 1879, déficit 125,854 francs.

*Usines à gaz réunies.*

GAUTHIER EMILE, 4 ans de prison, MESSEY (de), 10 mois, CROZET, 10 mois, BERTHELET-VIEL, 1 an ; 9ᵉ Chambre correctionnelle, 1874, déficit 7 millions 128,947 francs.

*Banque de la rue Notre-Dame-des-Victoires.*

HUGUET, 10 ans de travaux forcés, cours d'assises de la Seine, 1872, 2 millions 200,000 francs de déficit.

*Comptoir Syndical.*

FORBES, 13 mois de prison. 10ᵉ Chambre correctionnelle, 1883.

*Usines et Carrières de France.*

VICTOR GEORGES, 13 mois de prison, CAPRON, 13 mois, 9ᵉ Chambre correctionnelle, 1878.

*Crédit Parisien.*

CHARLES ALLEMAND, 2 ans de prison, ALLEMAND fils, 1 an, 10ᵉ Chambre correctionnelle, 1881, 500,000 francs environ de déficit.

*Comptoir financier de l'Hérault.*

REYNAUD, 1 an 1 jour de prison, tribunal correctionnel de l'Hérault, 1883, 320,000 francs de déficit.

*Affaire du Sous-Comptoir.*

DUPRAY DE LA MAHERIE, 7 ans de travaux forcés, cour d'assises de la Seine, 1867, 3 millions 293,000 francs de déficit.

*Chemins de fer du Nord de la Catalogne.*

LOUIS D'AURIOL, 5 ans de prison, 5 ans de surveillance, LOSSY DE VILLE, 5 ans, ALLÉGRE, 3 ans, 7ᵉ Chambre correctionnelle, 1874.

*Banque de Lyon et de la Loire.*

CHARLES SAVARY, 5 ans de prison, ZCÉLINSKI, 5 mois, BELLETAN, 4 mois, tribunal correctionnel de Lyon, 1884.

*Vidanges départementales.*

LEPELLETIER, 8 ans de prison, 5 ans de surveillance. RICHE, 2 ans, JUTEAU, 8 mois, D'ESCROEL DE PREZ, 8 mois, STRADA d'OROSBERG, 8 mois, GOUTTIÈRE, 2 mois, FROTEAU, 4 mois, JUDES DE LAFOSSE, 1 an, 11e Chambre correctionnelle, 1884, déficit 9 millions de francs.

*Crédit Foncier Suisse.*

FORNEROD, 3 ans de prison, PAULIN CAPERON, 5 ans, 7e Chambre correctionnelle, 1872, 36 millions de francs de déficit.

*Société des Ports de Brest.*

DOMINIQUE HOUGRON, 1 an de prison, cour d'assises de la Seine, 1878.

*L'Observateur.*

ANDRÉOLI, 2 ans de prison, 9e Chambre correction-nelle, 1872, 218,430 francs de déficit.

*Société de Crédit Central.*

Achard, 15 mois de prison, 11e Chambre correctionnelle, 1875.

*Banque des Travaux publics.*

Jules Pic, 15 ans de travaux forcés, cour d'assises de la Seine, 1869.

*Sûreté Financière.*

Klotz, 5 ans de prison, Lévy, 3 ans, Abraham dit Veimard, 3 ans, 8e Chambre correctionnelle, 1873, 700 à 800,000 francs de déficit.

*Banque Territoriale d'Espagne.*

Clément Duvernois, 2 ans de prison, Rasetti, 2 ans, Jauret, (Baron Louis) 1 an, 7e Chambre correctionnelle 1874.

*Syndicat Français et Industriel, Moniteur des intérêts catholiques.*

Jobin, dit Alfred Julien, 2 ans de prison, Busigny, 15 mois, Triboulet, 15 mois, 1885.

*Société Financière.*

PHILIPPE ALLARD, 15 mois, 11ᵉ Chambre correctionnelle, 1886.

*Banque Orientale.*

SORANO EDOUARD, 3 ans de prison, 9ᵉ Chambre correctionnelle, passif 2 millions.

*Banque de la place du Havre.*

BOUVIER aîné, 1 an de prison, BOUVIER JEAN, 1 an.

*Banque générale des reports.*

VALLEIX, 5 ans de prison par défaut, 10ᵉ Chambre correctionnelle, déficit 200,000 francs.

*Banque générale des rentes.*

MAUREL DE PÉPIN, 3 mois de prison, TROCHON, 1 an, DOYEN, 2 ans (par défaut), LEBON, 3 mois, MANCEL, 4 ans.

*Banque de la Finance Française.*

ADOLPHE MILLAUD, 13 mois de prison, HIPPOLYTE MILLAUD, 6 mois.

*Banque de Rennes.*

Joly, 5 ans de prison, Rubat, 5 ans, tribunal correctionnel de Rennes.

*Crédit National.*

Jules David, 2 ans de prison, 9e Chambre correctionnelle.

*Comptoir National.*

Clére Louis. 2 ans de prison, 10e Chambre correctionnelle.

*Crédit général Français.*

Jules Berthier, 1 an de prison, Adolphe Berthier, 6 mois, 8e Chambre correctionnelle.

*Compagnie des mines d'or de l'Uruguay.*

Gosselin, 18 mois de prison, Charlin, 3 mois, 11e Chambre correctionnelle.

*Comptoir Financier et Industriel.*

Feuillet-Fouasky, 13 mois de prison, Mautreff, 13 mois, Maquignon, 6 mois, Ecvehard, 6 mois, Carien, 6 mois, Lanquine, 6 mois.

*Compagnie Générale des Prêts Fonciers Immobiliers.*

BLACHIER DE BUSSIÈRE, 8 ans de prison, DARTUGE, 8 ans et 10 mois, FLEURY-MARTINET, 7 ans et 10 mois ; 7e Chambre correctionnelle du tribunal de Bruxelles.

GOULARD ANDRÉ, 5 ans de prison, cour d'assises de la Nièvre.

*Opérations de change.*

ERNEST RODRIGUE, 1 an de prison, MONTEAUX, 1 an, 8e Chambre correctionnelle, déficit 650,000 francs.

*Pantographie Voltaïque.*

PILLON DE THURY, 5 ans de prison, MORIZOT, 2 ans, PREMPAIN, 15 jours, BARDON, 15 jours, RODIN, 8 jours, BRÉE, 8 jours, Tribunal correctionnel de Senlis.

Cette société n'eut pas de chance, ceux qui essayèrent de la reconstituer furent également condamnés.

ACHILLE DESTREZ, 6 mois, MASSON, 18 mois.

*Raffinerie centrale de Douai.*

PERDRIGEON DU VERNIER, 6 mois, LIÉNARD, 6 mois.

*Société anonyme des Magasins Réunis.*

LAPLACETTE, 1 an de prison, PICK, 3 mois.

*Le Zodiaque.*

BRUTUS BOUCHET, 4 mois de prison [1], MARIUS POULET, 2 mois, JAPY, 3 mois, FLAVIEN, 1 mois, LEGRAIN, 5 ans, PAILLOT, 3 ans, DOUVILLE, 3 ans, 11e Chambre correctionnelle.

*Sociétés en déconfiture. — Financiers ayant subi leurs peines, ou en fuite.*

Comptoir Central des fonds publics. — BENNEMAYER, F. MENDÈS, MENDÈS, Mme OSIRIS.

Caisse financière.

Banque des Entrepreneurs, FAEGGÈS.

Banque de la rue Castiglione. — JOHN ARTHUR.

---

[1] Les victimes du Zodiaque apprendront avec bonheur que Brutus Bouchet, avocat dans nos possessions d'Indo-Chine, y gagne tout ce qu'il veut et habite un palais splendide, entouré de l'estime de ses concitoyens. Dernièrement il y haranguait M. Constans, qui le traitait de *cher* ancien collègue et le général Bégin auquel il daignait parler de la *dignité nationale* et de son *patriotisme ardent*.

Banque Hollando-Parisienne. — WESSEL, 2 ans de prison.

Epargne populaire. — LOUIS AUZAT.

Direction générale des factoreries coloniales. — DELAPLASSE GERVAIS.

Comptoir général. — LATOUR et REILLARD.

Comptoir des Echanges. — DIVOT.

Banque de Marseille. — CURIEL.

Société foncière provinciale. — FOULON ou LORNE.

Banque générale. — HUGO LŒWY.

Agence des Prêts sur titres. — GUILLAUME D'ANDIGNÉ, HENRY DE LA PRÉVOTAYE.

Crédit des Halles. — DEHER, STUDLER et URBAN.

Change de la rue de la Vrillière. — SCHWARTZ.

Crédit général de Paris. — ABEL LOLLIOT.

Banque d'assurance et de commerce. — SAÏD.

Comptoir général financier. — FÉLIX CHARRIOL.

Affaire du Transcontinental. — CRAMPON, PROBST, PARADIS, LISSIGNOL, POUPINEL, GAULDRÉE-BOILLEAU.

Agence pour les négociations des titres volés. — DE ROSA, VAN REYSEM et BUQUET.

Banque Saint-Martin. — VERNET, 6 mois. Son successeur MATHIS, condamné également.

Banque de la rue Drouot. — MAGNUS-DEUTSCH.

Banque générale de crédit. — BEAURE.

Banque Continentale. — CATALAFANO.

Banque de la petite Epargne. — LAUZE et OSTAÈRE.

Banque de la Chaussée d'Antin. — ALBERT MARLIER.

Banque de la rue d'Amboise. — MARATU.

Banque départementale. — BRUGGEROLLES.

Banque Centrale de Paris. — MARLAND et CUNIN.

Banque du Crédit et de l'Epargne. — ALBOUY.

Banque Populaire. — SASPORTAS.

Banque de l'Economie. — HENRI MELCHIOR, 2 ans de prison.

Comptoir d'Escompte de la Brie. — MARY, 5 ans de prison, LAUNOY, 5 ans, DESHORS, 5 ans, POGGIOLI, 5 ans.

Crédit public, COURTY.

Change des filles du Calvaire. — LARCHER, 15 mois de prison.

Comptoir Central. — COMBES et REVERTEGAT.

Caisse financière de l'Ouest. — BOLTZ.

Comptoir des Pyrénées. — BERNAL et MATHIEU.

Caisse des Rentiers. — FÉLIX Aîné.

La Caisse financière. — DARMOY.

Comptoir Saint Philippe. — CLAUDE GEX.

Comptoir des Inventions brevetées. — VIDAILLET.

Comptoir des Rentiers. — MASSON.

La Populaire. — GÉRARD DARDESPIÉNE.

Omnibus des Travailleurs. — TRUYENNE, HIRSCHLER.

Société française financière. — CHARLES DUVAL, PASDIEU, OUTREY et GENDRY.

Sport parisien. — BATTAGLINI dit DEL RIONE. — CYPRIEN dit DE SÉA.

Caisse d'Epargne populaire. — CLANCHÉ dit DUBOS.

FERRAND, THIÉBAULT, DE SUZAINNECOURT, RABAGNY, PELLENCK, MURAOUR, MATHIEU, GERMAIN-MIGNOT, GRISON, FERRÈRE, DURASSIE, EDOUARD BLÉE, JOSEPH JACOB dit MEYER, BACHELU, AMILHON, MARVER, BERNARD et DECEV RAI?????

## LES VENDEURS DE VALEURS A LOTS

La *Providence de l'Epargne,* rue de Richelieu, 97,
*J. Fuchs* de nationalité allemande, 200,000 fr. de déficit : en fuite.

Toutes les maisons similaires travaillent de la même
manière ; elles vendent à tempérament des obligations
du Crédit Foncier, de la ville de Paris, et en général
toutes les valeurs à lots. Elles ont des courtiers qui
parcourent les campagnes, les grands centres ouvriers.
Ces courtiers touchent comme remise le premier versement effectué ; ils donnent aux clients un récépissé
disant que le titre sera délivré après le premier versement fait par mandat-poste au directeur de la maison.
Le client envoie exactement son argent, au bout d'un
mois, terme fixé. Il continue ainsi un temps plus ou
moins long, suivant sa confiance ou sa naïveté. Ne
voyant rien venir, le client réclame et cesse ses en-
vois ; alors le directeur exhibe un traité par lequel
toute interruption dans les paiements lui donne le
droit de vendre le titre au cours du jour.

Supposons que le pauvre souscripteur ait fait quatre versements de 15 fr. pour une valeur revendue 120 fr., on lui établit ainsi son compte :

Sommes à verser . . . . . . 180 fr.

Acomptes . . . . . . . 60 «

Reste dû . . . . . . . 120 «

Produit de la vente du titre . . 120 «

Le compte est ainsi réglé.

Et dire que le Code pénal ne voit pas dans cette escroquerie matière à condamnation !

Il faut bien le croire puisqu'un individu nommé *Maurice de Kircheisen* (Hum !) poursuivi par le Parquet pour avoir vendu 188 fr. des cinquièmes d'obligations du Crédit Foncier cotées 108 fr. ne fut condamné qu'à 100 fr. d'amende, le 23 novembre 1882, par la 8e Chambre correctionnelle de Paris.

Que fait-on de la loi sur l'usure ?

Ce fut un nommé *Pasquier* qui inventa en 1863 le truc du fractionnement des valeurs à lots ; le premier qui fut condamné pour cette opération se nommait *Ch. Detaille*.

*Maury*, quartier de la Sorbonne (1885).

*Banque de la rue Saint-Anne*, n° 53, *Sasles*, en juin 300,000 fr. de déficit.

Celui-là, très modeste, annonçait par une circulaire qu'il recevait des versements depuis 2 fr.

*Caisse foncière et hypothécaire*, rue Choron, plus de 100,000 fr. de déficit (1886).

*Banque spéciale des valeurs* 4, rue Milton, *Martin et Cissot*, en fuite.

*Caisse d'Epargne populaire*, Boulevard Bonne-Nouvelle, *Dubos* plusieurs *centaines de mille* fr. de déficit. Dubos n'était qu'un faux nom; il se nommait *Clanché*; il fut arrêté à Reims en 1884; il avait été précédemment condamné en 1868 par le Tribunal correctionnel de Paris.

*Banque Hollando-Parisienne*, 9, rue Louis-le-Grand, Wessel (1884): celui-ci n'eut pas de chance; son complice avait fui à l'étranger en emportant la caisse.

17*

*Caisse générale des Communes de France : Closmesnil,* 3 mois de prison, *Leguilcher,* 1 mois.

J'en oublie certainement, mais la série restera ouverte tant qu'il y aura des gogos et des Boursiers.

FIN

# TABLE ALPHABÉTIQUE

## DES NOMS CITÉS

Morny (duc de), 249.
Muraour, 27, 54.
Mutrecy, 283.

### N

Nadaud, 157.
Napoléon, 24, 72.
Napoléon III, 132, 154, 234.
Neuburger, 158.
Neustadt, 256.
Nizet (E.), 185-187.
Noirtin (colonel), 194.
Normand, 205.
Nouette-Delorme, 27, 50.

### O

Offenbach, 27.
Onfroy de Veretz, 198.
Orléans (princes d'), 143.
Osiris Yfla, 235.

### P

Paccini (Emile), 27, 49.
Palmerston, 89, 98-99.
Palotte (Jacques), 172, 181.
Paradis, 27, 292.
Pastoret, 143.
Paton (Jules), 1, 27, 36, 38.
Pereire (Emile), 27, 36, 42, 44.
Pessard (Hector), 31.
Petit (Georges), 8.

Petitot, 22.
Philippart, 193.
Pic (Jules), 288.
Pommier (Charles), 211, 228-230.
Potel, 179.
Poulet (Marius), 291.
Pradier, 22.
Privat, 27, 31-35, 55.
Privat d'Anglemont, 77.

### R

Rasetti, 287.
Regicis (Louis), 179.
Reichembach, 180.
Reilliard, 180.
Retourné, 60.
Reynaud, 285.
Riche, 286.
Richemont, 197.
Rieux (B. des), 180.
Rivarol (Jules), pseudonyme de Nouette-Delorme.
Rothschild (baron de), 233, 240.
Rothschild (Alphonse de), 47, 147, 253-256, 258.
Rothschilds, 5, 164, 171, 235.
Rouvier, 60.
Rozier (Jacques), pseud. de Jules Paton.
Rubat, 289.

# TABLE DES MATIÈRES

## IV



## V

# VIII



# IX

## XII





## XIII

FIN DE LA TABLE

Imprimerie de DESTENAY. — Saint-Amand (Cher).